El *libro* de la
PASTA

María Ballarín

LIBSA

© 2018, Editorial LIBSA
C/ San Rafael, 4
28108 Alcobendas (Madrid)
Tel.: 91 657 25 80
Fax: 91 657 25 83
e-mail:libsa@libsa.es
www.libsa.es

TEXTOS: equipo editorial Libsa y María Ballarín
EDICIÓN: equipo editorial Libsa
DISEÑO DE CUBIERTA: equipo de diseño Libsa
MAQUETACIÓN: equipo de maquetación Libsa
IMÁGENES: Thinkstock.com, Shutterstock Images y
archivo Libsa

ISBN: 978-84-662-3724-6

DL: M 34647-2017

Contenido

Presentación

SIEMPRE NUESTRA. La pasta, como el pan, es uno de esos alimentos primigenios que van unidos a la historia del ser humano. Es de suponer que desde el mismo momento en el que se descubrió la agricultura, se idearon maneras de conservar y cocinar los cereales, base de toda alimentación. Molerlos hasta convertirlos en harina, mezclarlos con agua para obtener una masa y después formar una comida sencilla y primitiva que con el tiempo fuera sofisticándose, es un proceso lógico y efectivamente, así debió de suceder.

Pero independientemente de su origen e historia, que veremos con más detalle después, la pasta es el plato más popular del mundo, el más consumido y el que más gusta… ¿Cuál es la razón? Probablemente, su versatilidad a la hora de poderse cocinar con cualquier ingrediente o incluso de comerse sola; tal vez por su sabor básico, fácil de satisfacer a cualquier paladar, o porque al comerla resulta muy saciante y tiene un gran poder nutritivo. Quizá sea por el bajo costo que tiene producirla en grandes cantidades o porque es un alimento no perecedero, fácil de transportar y de conservar. En todo caso, es un verdadero fenómeno gastronómico y cultural, hasta el punto de que resulta muy difícil encontrar a alguien a quien no le guste la pasta.

Para todos los devotos de esta comida, hemos elaborado un libro monotemático que le da todo el protagonismo que se merece, comenzando por la curiosa historia de sus orígenes. Después, para abrir boca, nos vamos a centrar en los ingredientes básicos: agua, harina, sal y huevo, cuya sabia mezcla puede enriquecerse para hacer pasta de colores.

Capítulo aparte merecen los tipos de pasta, ya que existen más de 300 en el mundo. En primera instancia, podemos dividir la pasta simplemente en fresca, seca y rellena, pero pronto veremos que las cosas no son tan sencillas… No obstante, nuestra selección es un muestrario que puede abrirnos la puerta a nuevos descubrimientos.

Casi al filo de ponernos a cocinar, haremos un repaso a las salsas clásicas con las que se acompañan más habitualmente las pastas, y del mismo modo, los quesos más indicados. Este último ingrediente, junto con el tomate, es el rey indiscutible de todo amante de la pasta.

Por fin, vamos a ofrecer un sinfín de recetas con pasta que recuperan los sabores de aquellas abuelas italianas que hacían la masa manualmente y con tiempo, cariño y dedicación, ponían un verdadero regalo en el plato. Nuestra ventaja es que además contamos con toda la fuerza de la historia para ofrecer un recetario que respeta la tradición y al mismo tiempo aprovecha las tendencias gastronómicas más modernas y atrevidas.

Podemos demostrar que un paquete de pasta es un comodín en la cocina. No necesitaremos muchos accesorios: un rodillo, alguna cazuela, quizá una máquina para hacer pasta fresca, aunque tampoco es imprescindible… Pero sí es conveniente tener un poco de pasión por este alimento y por su elaboración artesanal. Con un poquito de tiempo y de entusiasmo, podremos decir que la pasta no tiene ningún secreto ni misterio para nosotros. Cada lector puede elegir una receta al azar. Por nuestra parte, ¡Bon appétit!

La pasta está considerada como un alimento saludable y equilibrado dentro de la dieta mediterránea. Nutricionalmente, alcanza la mejor versión de sí misma cuando se acompaña de aceite de oliva, verduras y hortalizas, pescado o carne y queso. Siempre que se consuma con moderación, es bienvenida en cualquier mesa.

Un poco de historia

TAN POPULAR COMO MISTERIOSA. A pesar de su fama, durante mucho tiempo el origen histórico de la pasta fue erróneo. Se dio por sentado que fue un alimento descubierto en torno a 1271 en China por Marco Polo que, al regresar a su Italia natal, lo popularizó allí. Sin embargo, hoy se sabe que el origen de la pasta en Europa es mucho más remoto: los etruscos tenían un alimento hecho con cereales triturados y agua, que después se cocía, sospechosamente parecido a lo que hoy conocemos como pasta. Y, desde luego, se sabe que en el Imperio Romano se consumía, ya que en Roma, en el siglo III a. C., Cicerón dejó escrita su inclinación por comer *Laganum*, tiras de pasta similares a las de la lasaña.

Su nomenclatura fue cambiando al tiempo que la imaginación de los cocineros: en torno al 1400, en Italia, a la pasta la llamaban *lasagna* y a sus fabricantes, *lasagnare*; más tarde, surgieron los *fidelli* (tubos finos de pasta), cuyo gremio era el de los *fidelari*. En 1800, estos pasaron a denominarse *vermicellari*. Es decir, la pasta fue evolucionando con el paso del tiempo en sus diferentes formas conocidas hoy y, desde Italia, se lanzó a la conquista de Europa y del resto del mundo. Por ejemplo, en el siglo XVI, en la época del Virreinato español en Nápoles, este alimento se hizo cotidiano también en España.

La primera fábrica de pasta abrió en Venecia en 1740 y durante el siglo XIX, se consideraba un plato imprescindible en las mesas más finas y adineradas. Al añadirle salsa, además, se

PASTA
HOME MADE

tuvo que incluir el uso del tenedor de tres dientes (para poder enrollar la pasta en él con facilidad). Este elemento era lejano al pueblo llano, que comía con las manos, y hacía de la pasta un verdadero manjar digno de las mejores mesas.

La emigración italiana a América durante el siglo XX, trajo consigo, naturalmente, la pasta. Así, Argentina, Brasil y Estados Unidos se llenaron de *trattorias* dirigidas por familias italianas que a día de hoy siguen gozando de gran éxito y afluencia de público.

Paralelamente, por supuesto, la pasta se consumía en China y en todo Oriente desde el origen de los tiempos. De hecho, un grupo de arqueólogos descubrió cerca del río Amarillo un tarro con más de 4.000 años de antigüedad que contenía fideos hechos con mijo. En Occidente la pasta ha sido siempre de trigo, pero en Oriente es de arroz y otros cereales.

Por tanto, es posible que la pasta tenga más de un origen, y aunque no hay duda de que este alimento es el paradigma de la cocina italiana en el mundo, sin duda tiene mil y una ramificaciones que lo convierten en cierto modo en patrimonio de la humanidad. Disfrutémoslo.

CONSUMO MUNDIAL

Un italiano puede consumir hasta 28 kg de pasta al año. En el ranking mundial, los venezolanos ocupan el segundo lugar, con 13 kg, mientras que los estadounidenses «solo» comen 9 kg y los españoles, 5 kg.

Hoy en día, Italia sigue siendo el país productor de pasta por excelencia: el 74% de la pasta que se consume en Europa, se fabrica en Italia.

Ingredientes básicos

MUY SALUDABLE. Ningún nutricionista desechará por completo la pasta de la dieta, ya que a pesar de su fama calórica, se trata de un alimento muy beneficioso. Por estar elaborada fundamentalmente con harina de trigo, la pasta contiene muchos carbohidratos: 100 g de pasta pueden contener hasta 75 g de carbohidratos, lo que quiere decir que esos mismos 100 g representan unas 370 calorías, o lo que es lo mismo, el 15% de las necesidades diarias nutricionales de un adulto. Sin embargo, esos carbohidratos son de combustión lenta; es decir, se liberan despacio, dejando una sensación de saciedad al comerlos que dura mucho tiempo. Por si fuera poco, es un alimento prácticamente exento de grasas, esos mismos 100 g solo contienen 1 g de grasa; tampoco tiene colesterol y es rico en fibra vegetal, sobre todo si se trata de pasta integral. Por lo tanto, un buen plato de pasta no solo no hará daño a nadie, sino que beneficiará su salud en general y le hará sentirse un poquito más feliz.

¿DE QUÉ ESTÁ HECHA?

SOLO CUATRO INGREDIENTES. Una de las cosas más sorprendentes de este alimento reside en su sencillez: con tan solo cuatro ingredientes básicos, se puede conseguir una fórmula alimenticia perfecta.

Solo vamos a necesitar una harina de buena calidad, agua, un poco de sal y, siempre opcionalmente, huevo, para obtener una masa que podemos modelar y cocinar a nuestro gusto. Veamos uno por uno esos cuatro mágicos ingredientes.

A TODO COLOR

La masa básica para pasta es blanquecina, si está hecha con harina y agua; o amarillenta, si se le ha añadido huevo. Sin embargo, todos hemos visto pastas de otros colores, que resultan mucho más vistosas y decorativas. Este tipo de pasta de colores es fácil de hacer, ya que solo requiere el añadido de algún ingrediente para adquirir esa tonalidad. La única precaución a tomar para hacer masas de colores es que el ingrediente que se añada también agrega humedad y eso hace variar la masa, pudiendo requerir más harina o menos agua o huevo. Estos serían los ingredientes más propicios:

• Tomate: unas cucharadas de salsa de tomate darán una tonalidad desde naranja hasta roja a la pasta.

• Espinacas: escurridas y trituradas, son perfectas para pasta verde.

• Remolacha: previamente cocida y triturada, ofrece tonos desde rosados hasta rojizos.

• Azafrán: un poco de azafrán diluido en agua hará que la pasta adquiera un tono aún más amarillento.

• Tinta de calamar: la pasta negra se consigue con este ingrediente que puede batirse con el huevo.

INFORMACIÓN NUTRICIONAL

Para poder ver con claridad los beneficios nutricionales de la pasta, presentamos a continuación una tabla con los principales aportes por cada 100 g de pasta:

Energía (kcal)	370
Proteínas.	15 g
Grasas	1 g
Hidratos de carbono	75 g
Hierro	3,6 mg
Magnesio......................	143 mg
Vitamina B2...................	9 mg
Vitamina B3...................	5,1 mg
Fibra	5 g

HARINA

La pasta tradicionalmente está hecha con semolina o sémola de trigo duro, que es una harina de molido muy fino que se cataloga con una numeración. La denominada 00 es la más fina de todas y en Italia la llaman *Fior di farina*. Esta harina, específica para pasta, puede mezclarse con harina común en una proporción de 70% de harina 00- 30% de harina común. En todo caso, siempre es preferible tamizar la harina antes de hacer la masa. Además de por su nivel de molido, la harina puede catalogarse como de fuerza floja, media o de fuerza. Esta última, la de fuerza, es la más indicada para hacer pasta porque eso le da a la masa mucha más consistencia.

AGUA

El agua se utiliza en masas que no llevan huevo, hechas exclusivamente con harina, sal y agua. La cantidad de agua depende del nivel

de absorción que tenga la harina, de manera que hay que trabajar a ojo y con el sistema de prueba y error, añadiendo agua según lo pida. Un porcentaje aproximado podría ser el 30% de agua en relación con la harina, pero a la hora de la verdad, se trata simplemente de obtener una masa lo suficientemente elástica como para trabajarla bien sin que se rompa y que además no se pegue a los dedos.

SAL

La sal es un ingrediente que mejora el sabor de la masa, un simple aderezo. Para hacer pasta, es suficiente con un pellizquito de sal, mejor si está tamizada junto con la harina, y puede ser sal fina de mesa normal.

HUEVO

El huevo es un ingrediente opcional, no necesario, pero sí muy común. La pasta al huevo se enriquece en textura y aporte nutricional y tecnológicamente, es un añadido que aporta mayor elasticidad y resistencia a la masa, que se romperá menos. También sirve para cohesionar todos los ingredientes con más eficacia. En líneas generales, añadiremos de tres a cinco huevos por cada kilo de pasta, según sea el nivel de absorción de humedad de la harina que empleemos. El huevo, además, tiene que estar a temperatura ambiente.

COCER PASTA

El agua y la sal son ingredientes imprescindibles para cocer la pasta. Como norma general, hacen falta 4 l de agua y una cucharada sopera de sal por cada 500 g de pasta. Y la norma de oro: la pasta se echa cuando hierva el agua.

Tipos de pasta

MUCHA VARIEDAD. Existen cientos de tipos de pasta en cuanto a formas, tamaños y texturas. No se trata de un simple capricho o extravagancia culinaria, sino que cada tipo de pasta es ideal para cocinarse o consumirse de determinada manera. Según su textura, las hay lisas y estriadas; por su tamaño, las hay muy pequeñas, cortas o muy largas; en cuanto a la forma, las hay sencillas y tubulares, pero existen todo tipo de complicaciones: volantes, agujeros, rizos y pliegues... En este inmenso mundo, vamos a dividir la pasta en tres grandes bloques (fresca, seca y rellena) y después vamos a ver un amplio muestrario en el que elegir cuál va a ser, a partir de hoy, nuestra pasta favorita.

PASTA FRESCA

Todas las pastas empiezan siendo pasta fresca; es decir, una masa de harina con agua o con huevo que se amasa y se da forma y que, una vez hecha, tiene una fecha de caducidad de entre cuatro y cinco días. En cuanto a la calidad, la pasta fresca es siempre la mejor, la más delicada de textura y sabor.

Para hacer pasta fresca, se siguen cuatro pasos: hacer la masa, estirarla, cortarla y darle forma y, por fin, hervirla. Una buena masa se origina colocando la harina con la sal en forma de volcán y depositando dentro el ingrediente húmedo (agua o huevo). Manualmente, se mezclan los ingredientes (pudiendo añadir más agua o harina si lo pide) hasta que se integren bien y tengamos una masa elástica que no se pegue. Si envolvemos la masa en film y la dejamos reposar una hora, mejor.

Para estirar la masa usaremos el rodillo o una máquina para pasta. Tienen que quedar láminas finas con un grosor de pocos milímetros. Después, cortamos a mano con cuchillo afilado o con la máquina. Por último, cocemos en agua con sal durante tan solo tres minutos (para un resultado al dente). Esta pasta fresca puede congelarse y entonces podría durar hasta dos meses.

PASTA DE PATATA

Los gnocchi se consideran también pasta fresca, pero son diferentes, ya que en lugar de harina, emplean la patata como materia prima, añadiendo mantequilla, leche y huevo al conjunto.

PASTA SECA

La pasta fresca se puede someter a un proceso de secado para que su conservación y transporte sea más funcional. La pasta seca siempre está fabricada con harina de sémola de trigo duro y agua. El proceso debe seguir la ley italiana en el método de secado y de extrusión (o de dar forma a la pasta).

Como ya hemos dicho, hay cientos de tipos de pasta seca según su forma, tipos que veremos más tarde. Sin embargo, sí queremos dar consejos generales para cocer la pasta seca, que son diferentes de la cocción de pasta fresca. Para empezar, hay que utilizar mucha agua; es decir, aunque sea poca cantidad, usaremos una cazuela grande y tendremos en cuenta esta proporción: 1 l de agua y 1 g de sal por cada 100 g de pasta. Pondremos el agua a calentar y esperaremos a que hierva fuertemente, a borbotones, entonces echaremos la sal y después, la pasta seca.

En cuanto al tiempo de cocción, depende de cada tipo de pasta. Los envases suelen especificarlo y sirven como guía, aunque nuestra recomendación es probar si está al dente o no antes de que se cumpla ese tiempo estipulado.

¿ENJUAGAR LA PASTA?

Depende. Si queremos la pasta para ensalada, sí, porque la enfría y evita que se pase y se pegue. Si la vamos a consumir caliente con salsa, no, porque al enjuagar pierde el almidón y la salsa no se adhiere.

PASTA RELLENA

En realidad estamos hablando de otro tipo de pasta fresca o seca, con la peculiaridad de que lleva un relleno de queso, carne, verduras, etc.

Existen muchísimos tipos de pasta rellena, aunque los más populares son con forma cuadrada, como los ravioli, o redonda, como los tortellini.

El relleno es lo que distingue realmente este tipo de pasta. La imaginación del cocinero y también su sentido práctico, harán de cada plato una experiencia única. Podemos aprovechar sobras de un estofado, por ejemplo, para rellenar pasta, o hacer un relleno específicamente para ello. El caso es que admite de todo, desde marisco o frutos secos, hasta setas o salsa de queso. Uno de los rellenos más icónicos es el de requesón y espinacas, cuya receta ofrecemos en este libro, pero no es ni mucho menos el único. La experimentación es una buena guía.

La pasta rellena también puede acompañarse de cualquier tipo de salsa y puede gratinarse, del mismo modo que la pasta fresca o seca, pero habitualmente, se presenta sola, con poco aliño, porque resulta mucho más espectacular.

ORÍGENES

La pasta rellena es originaria del centro y norte de Italia, aunque hoy está presente en todo el país. La razón es que necesita huevos, un ingrediente que fue escaso en el sur durante mucho tiempo.

PASTA SIN GLUTEN

Las personas celiacas o intolerantes al gluten también pueden comer pasta. Hoy en día existen muchas firmas que ya ofrecen una gama de pastas secas sin gluten, aunque la opción más segura y más económica es, por supuesto, hacer la pasta fresca en casa.

La alternativa más habitual a la harina de trigo es la de maíz o la de arroz. En China, los fideos de arroz son más populares que los de trigo, de manera que también en supermercados orientales podemos encontrar pasta sin gluten. Otra opción es optar por los gnocchi, la pasta de patata, que tampoco contiene gluten.

Para hacer pasta fresca sin gluten en casa tendremos que elegir una harina de arroz, maíz, garbanzos, etc. Este tipo de harinas habitualmente necesitan algo más humedad, así que además de añadir huevo, podemos agregar un chorrito de aceite de oliva y otro de agua. Como siempre, tendremos que experimentar y encontrar el equilibrio perfecto añadiendo más agua o harina según lo pida la receta. La pasta fresca sin gluten también se puede congelar, pero siempre que ya se haya cocinado. No aguanta mucho tiempo congelada, se puede volver arenosa, así que es mejor consumirla en el día.

ACEITE DE OLIVA

Dentro de la dieta mediterránea, el aceite de oliva es el rey por su sabor suave y sus muchos beneficios: reduce los niveles de colesterol en sangre, contiene muchas vitaminas y es un perfecto antioxidante.

LA RECETA PERFECTA

Con 250 g de harina de maíz en forma de volcán y en su interior, 3 huevos y 10 ml de aceite de oliva, amasamos hasta obtener una masa homogénea y lisa, añadiendo un poco de agua si hace falta.

GOMA XANTANA

Las harinas sin gluten hacen que las masas pierdan elasticidad, por eso tampoco es mala idea añadir un poco de goma xantana si vemos que la masa no queda como debería.

OTROS ESTILOS

Además de las populares harinas de arroz, maíz o garbanzos, podemos usar harina de mijo, quinoa o sorgo; de frutos secos, como las almendras o avellanas; y de otras legumbres como las habas o la soja.

Listado de pastas

VARIEDAD Y DIVERSIÓN. Los listados que añadimos en este apartado son la muestra de la gran cantidad de variedades de pasta que existen. El primer bloque, la pasta extruida de corte truncado, se refiere a todas aquellas pastas con forma tubular.

Los más conocidos son los penne, o los cannelloni, pero en ese grupo hay muchos otros cilindros con forma de espirales retorcidas, lisas o estriadas, grandes y pequeñas.

PASTA EXTRUÍDA DE CORTE TRUNCADO

Calamarata	Mezzi bombardoni
Calamaretti	Mostaccioli
Cannelloni	Paccheri
Cavatappi	Pasta al ceppo
Cellentani	Penne
Chifferi	Penne rigate
Ditalini	Penne lisce
Fideuà	Penne zita
Gomito	Pennette
Elicoidali	Pennoni
Fagioloni	Rigatoncini
Fusilli	Rigatoni
Garganelli	Sagne'ncannulate
Gemelli	Spirali
Maccheroncelli	Spiralini
Maltagliati	Trenne
Manicotti	Trennette
Marziani	Tortiglioni
Mezzani pasta	Tuffoli
Mezze penne	

El grupo de fideos, mucho más conocido, se subdivide entre los más largos y redondeados o los de corte de cinta, más aplastados, y cuyo mejor representante es el fettuccine.

FIDEOS LARGOS

Spaghettoni	Bucatini
Spaghetti	Perciatelli
Spaghettini	Fusilli lunghi
Fedelini	Fusilli bucati
Vermicelloni	Pici
Vermicelli	Soba
Capellini	Udon
Capelli	Cu mian
d'angelo	Ziti
Barbina	Zitoni

PASTA RELLENA

Agnolotti	Occhi di lupo
Cannelloni	Pelmeni
Casoncelli o	Pierogi
casonsèi	Ravioli
Casunziei	Sacchettini
Fagottini	Sacchettoni
Maultasche	Tortellini
Mezzelune	Tortelloni

FIDEOS DE CORTE DE CINTA

Spaghetti alla	Mafaldine
chitarra	Pappardelle
Ciriole	Pillus
Bavette	Pizzoccheri
Bavettine	Sagnarelli
Fettuce	Scialatelli o
Fettuccine	scilatielli
Fettucelle	Stringozzi
Lagane	Tagliatelle
Lasagne	Taglierini
Lasagnette	Trenette
Lasagnotte	Tripoline
Linguettine	Shahe fen
Linguine	Fideos biáng-
Mafalde	biáng

La pasta rellena, donde destacan ravioli y tortellini, merece su grupo propio a pesar de contar con menos variedad, por su aceptación popular y su singularidad.

PASTA DE FORMA DECORATIVA

Campanollo	Farfalloni
Capunti	Fiorentine
Casarecce	Fiori
Cavatelli	Foglie d'ulivo
Cencioni	Gigli
Conchiglie	Gramigna
Conchiglioni	Lanterne
Corzetti	Lumache
Creste di galli	Lumaconi
Croxetti	Maltagliati
Farfalle	Mandala

Por otra parte, existen pastas de formas más extravagantes y espectaculares, las que se llaman pastas decorativas, con cuya sola presencia se puede alegrar un plato y hacerlo merecedor de una ocasión especial. Pequeñas conchas, tiras enrolladas con volantes o rizos; algunas tan sorprendentes como los medallones con relieves que forman los corzetti y croxetti. Alegres mariposas de la familia del farfalle o motivos florales y vegetales, como las fiori o la foglie d'ulivo son buenos representantes de este alegre e imaginativo grupo de pastas que generalmente se compran en paquetes de pasta seca por la dificultad que tiene elaborarlos manualmente en casa.

Marille	Ricciutelle
Orecchiette	Rotelle
Pipe	Rotini
Quadrefiore	Strozzapreti
Radiatori	Torchio
Ricciolini	Trofie

PASTA DE FORMA IRREGULAR

Gnocchi
Passatelli
Spätzle

La llamada pasta a la minuto, como indica su nombre, solo necesita 60 segundos de cocción viva para poderse disfrutar y eso se debe a su pequeño tamaño, que la hace proclive a servirse en sopas, como el alfabeto o sopa de letras, o los fideos. Sin embargo, en este grupo destacan pastas como el cuscús o el orzo, que pueden consumirse sin caldo, como si se tratase de un plato de arroz.

En las páginas siguientes, nos detenemos con los tipos de pasta que hemos utilizado en nuestro recetario, con la intención de que esa selección de formas sea suficiente para dar un anticipo del maravilloso mundo del que puede disfrutar todo amante de la pasta.

PASTA A LA MINUTO

Acini di pepe
Bead-like
  pasta
Alfabeto
Anelli
Anellini
Couscous
Conchigliette
Corallini
Ditali
Ditalini
Egg barley
Farfalline
Fideos
Filini
Fregula

Funghini
Israeli couscous
Occhi di
  pernice
Orzo (también,
  risoni)
Pastina
Pearl pasta
Ptitim
Quadrettini
Risi
Seme di melone
Stelle
Stelline
Stortini
Tarhana

CANELÓN O CANNELLONI

Es una tira de pasta ancha y plana, rectangular, que se rellena y se enrolla formando un cilindro de buen tamaño. Normalmente, también se gratina.

CAVATELLI

Es una pequeña vaina de pasta, con una forma algo más alargada que el gnocchi.

CHIFFERI RIGATI

Es un tubito de pasta con forma de media luna, parecido a un penne acodado.

CONCHIGLIE

Inspirada en las caracolas y conchas marinas, esta pasta tiene una forma ideal para atrapar las salsas. Las hay en varios tamaños, también para sopas.

ESPAGUETIS

Quizá la pasta más famosa y popular, el espagueti es un largo fideo circular de entre 25 y 30 cm de longitud que se enrolla en un tenedor para comerlo. Existen varios platos específicos para hacer con esta pasta, como los espagueti alle vongole, alla puttanesca y los carbonara, que han trascendido la frontera italiana.

FARFALLE

Pertenecientes al grupo decorativo, son mariposas o lacitos de pasta que se consiguen haciendo un pequeño cuadrado de borde dentado y fruncido por el centro. Es una pasta muy popular también en su versión tricolor.

FAZZOLETTI

Se trata de grandes láminas de pasta finas y alargadas, similares a las placas de lasaña o de canelones, pero más grandes, ya que su nombre significa literalmente «pañuelo».

FETUCCE Y FETTUCCINE

Ambas son cintas de pasta, alargadas como el espagueti, pero más aplastadas, no circulares. La diferencia entre el fettucce y el fettuccine es que la primera es más ancha que la segunda.

FIDEOS

Se llama fideo en general a cualquier pasta de tipo cuerda alargada y circular, como los espagueti o los linguine. Los fideos tienden a ser más finos y existe una versión de fideos cortos para comer con la sopa. Son también muy populares en

Oriente, donde su mejor representante es la soba japonesa.

FIDEUÁ

Son fideos algo gruesos y cortos, que pueden llevar o no un agujero en medio, y que se preparan en España en un plato del mismo nombre, muy similar a la paella, pero cambiando el arroz por la pasta.

FUSILLI

Se trata de una preciosa espiral o hélice de pasta, tan corta como los penne, a los que también se llaman tornillos. Son perfectos para tomar con salsas.

GEMELLI

Construidos a partir de un tubito fino de pasta doblado y retorcido en una espiral. A pesar de que es un único tubo, da la impresión de que son dos gemelos y de ahí su nombre.

GNOCCHI

Con forma de pelotita un poco ovalada, se trata de un tipo de pasta que no emplea harina, sino patata. Se acompañan de salsas de tomate o queso y deben hacerse y consumirse el mismo día.

LASAÑA

Es una placa de pasta rectangular con bordes estriados y bastante fina, que sirve para preparar el plato del mismo nombre, consistente en ir interponiendo capas de pasta, de relleno y de besamel hasta terminar con una capa de pasta que después se gratinará.

LINGUINI

Igual que el espagueti, pero en versión aplastada, mucho mas delgados, se cocina de un modo muy similar. En España se suelen llamar tallarines.

MAFALDINE

También llamada reginette. Se trata de unas tiras de pasta finas y planas, estilo cinta, pero cuyos bordes son ondulados. debe su nombre a la princesa Mafalda de Saboya.

NOODLES

Un tipo de fideos asiáticos que pueden ser de ingredientes variados. Los udon, ramen y soba son noodles japoneses y los mian son fideos de arroz chinos. Suelen saltearse en wok con carnes o verduras.

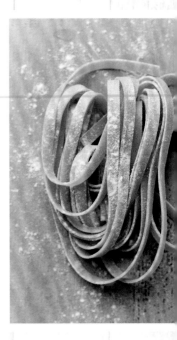

ORECCHIETTE

Traducido como «orejitas», esta pasta tiene una forma que recuerda efectivamente a una oreja redondeada con el centro algo hundido y más fino que los bordes.

ORZO

Se trata de un verdadero grano de arroz... pero de pasta. Si en algo se diferencia con el arroz es que quizá es algo más grande. Suele cocinarse igual que el arroz o bien forman parte de una sopa.

PENNE Y PENNONI

Ambos son cilindros de pasta cortos, cortados de forma oblicua. Si están estriados se llaman penne rigate. También se conocen con el nombre de macarrones o plumas. Los pennoni son más grandes que los penne.

PERCIATELLI

Se trata de un espagueti más grueso que presenta además un agujero en su interior. También se les conoce con el nombre de bucatini. El plato italiano tradicional más típico con este tipo de pasta es all'amatriciana.

PICI

Otro primo hermano de los espagueti, en este caso simplemente tienen un mayor grosor y como están hechos a mano, suelen presentar más irregularidades.

PIEROGI

Típicos de Polonia, los pierogi son semicírculos de pasta rellena que después se suelen freír en lugar de cocerse.

PIOMBI

Muy parecido al cuscús, el piombi son bolitas o perlas de pasta un poco más grandes. Se pueden cocinar como el arroz o en sopa.

RAVIOLI

La pasta rellena más popular es un cuadrado de pasta con bordes dentados que casi siempre se acompaña de alguna salsa.

RIGATONI

De la familia de los penne, los rigatoni son también un tubo de pasta, pero más grande y con estrías en su superficie que, además de cumplir una función decorativa, resultan mejores para comer con salsas. Por otra

parte, el rigatoni está cortado en recto y no de forma oblicua.

SCIALATELLI

Parecido al fettuccine, se trata de un fideo largo y aplastado, con una sección rectangular. No forma parte de las pastas italianas tradicionales, sino que es un invento gastronómico moderno.

SOBA

estos fideos japoneses están elaborados con trigo sarraceno o alforfón, aunque existen también variedades con harina de trigo. Se suelen servir con caldo instantáneo y son una de las comidas rápidas más populares en Japón.

TALLARINES

Esta pasta alargada, aplastada y con muy poca anchura se parece a otras de su mismo tipo, como los fettuccine. Los tallarines italianos (tagliatelle) son de trigo, mientras que los orientales son de arroz o de soja.

TORTELLINI

Es una pasta rellena con forma de pequeño anillo, casi tan populares como los ravioli. Suelen rellenarse de verduras, carne o queso y servirse acompañados de salsas o cremas. Los tortellini grandes se llaman tortelloni y estos suelen ir rellenos de espinaca y ricotta.

VERMICELLI

Iguales que los espaguetis, pero mucho más finos que ellos, son largos y redondeados. Lo más común es cocerlos con la sopa, pero permite salteados e incluso platos con salsas.

UN POQUITO DE ITALIANO

Un pequeño truco para reconocer pasta al primer vistazo: las pastas cuyo nombre termina en -ini, -elli, -illi, -etti, -ine y -elle, son siempre pequeñas, mientras que las terminadas en -oni y -otti, son grandes. Valga como ejemplo tortellini y tortelloni.

Salsas para acompañar

BINOMIO INDESTRUCTIBLE. Pasta y salsa están unidas desde su origen. Una salsa es en realidad una mezcla líquida cuya función es únicamente la de acompañar un plato. Hay salsas específicamente creadas para carnes o pescados y del mismo modo, hay salsas que son solo para pasta y una de las primeras habilidades que debe tener cualquier cocinero es la de saber elaborar algunas salsas básicas. En esencia, las salsas para pasta suelen tener una base de aceite en el que se cocina alguna hortaliza, verdura u otro ingrediente y que después se tritura. Pero también hay salsas a base de leche o nata, salsas frías, etc. Muchas salsas dan incluso su nombre al plato de pasta, tal es su importancia. Veamos las más típicas y aprovechemos su sabor y textura.

BESAMEL

FRANCESA O ITALIANA. Su origen no está muy claro, pero es tan popular, que ya pertenece al patrimonio universal. La base de esta salsa es sofreír harina con algo de grasa (mantequilla o aceite es lo más habitual) y añadir leche en hilo hasta que vaya espesando. Requiere atención y que se remueva de manera constante y homogénea. Se utiliza sobre todo para hacer rellenos de canelones, lasaña, etc., y en platos que precisen de gratinado. Admite otros ingredientes que intensifiquen su sabor, como la cebolla o la nuez moscada, y puede elaborarse con leches vegetales en casos de intolerancia, aunque su espesor y textura cambia un poco.

BOLOÑESA

BOLONIA EN EL PLATO. Esta salsa, que en realidad es un ragú, es tan popular que da

nombre al plato. La base para prepararla es partir de una salsa de tomate, a la que se le añade carne picada mixta (de ternera y cerdo), hortalizas como la zanahoria o el pimiento y además, vino blanco y diversas hierbas aromáticas o especias. La salsa procede de la Bolonia medieval, como guiso que empleaba tocino o manteca para freír la carne, en lugar del saludable y actual aceite de oliva.

CARBONARA

TRADICIONAL DE ROMA. En la región del Lacio surgió esta famosa salsa cuyo nombre no se sabe si se debe al uso de pimienta negra (como el carbón) o al gusto del gremio de trabajadores del carbón por este aderezo. Suele acompañar a los espaguetis y mezcla huevos, queso, aceite, pancetta o bacón y pimienta negra. Añadirle nata no tiene nada que ver con la receta original, pero se ha popularizado mucho. El truco de esta salsa es que el huevo no llegue a cuajar y simplemente sirva para crear una salsa cremosa.

NAPOLITANA

DEL SUR DE ITALIA. Otra salsa que tiene como base la salsa de tomate. En este caso, la salsa original se adereza también con ajo, pimienta y algunas hierbas aromáticas como la albahaca o el orégano. Sirve para acompañar cualquier plato de pasta y suele incluir queso parmesano o pecorino espolvoreado en su fase final. Existen multitud de versiones, una de las más conocidas es con hortalizas como el puerro o la zanahoria.

PESTO

EL CORAZÓN DE GÉNOVA. Nacida en Génova, desde su puerto viajó a todos los lugares de Italia haciéndose muy popular. Es una salsa fría, de color verde, pastosa y fresca, que se prepara en un mortero con tan solo seis ingredientes esenciales: ajo, piñones, aceite de oliva, queso parmesano, albahaca y sal. Simplemente, hay que obtener una pasta homogénea machacando en el mortero los ajos y los piñones ya pelados, junto con la albahaca. Después, se agrega el queso parmesano y el aceite en chorrito fino, poco a

poco, hasta que ligue bien, sazonando con sal al gusto. Existen variantes que admiten tomate o pimientos secos (pesto rojo), o la versión argentina, que sustituye los piñones por almendras.

SALSA DE QUESO

UN CLÁSICO. El queso es un ingrediente amigo de la pasta en todas sus variedades y también como salsa. La característica forma de fundirse con el calor de este alimento ha facilitado que puedan mezclarse diferentes tipos y obtener una salsa cremosa válida para cualquier plato de pasta. Suele mezclarse con leche y hay que tener la precaución de remover mientras se hace, porque tiende a pegarse en las cazuelas.

TOMATE

INTERNACIONAL. La salsa de tomate es seguramente la más conocida y consumida en todo el mundo. La más básica se prepara escaldando y pelando los tomates y machacando su pulpa. Se sofríe cebolla en un poco de aceite y se agrega el tomate, dejando que todo se vaya cocinando y añadiendo al final sal al gusto y algo de azúcar para rectificar la acidez natural del tomate.

TODO UN MUNDO

Las salsas, como las pastas, ofrecen una variedad muy amplia. Para acompañar pasta, tenemos la salsa arrabiata, con un estimulante picor de guindillas o chiles; otra es la puttanesca, con anchoas y aceitunas; o la cremosa salsa Alfredo, con queso y mantequilla.

Quesos para pasta

INGREDIENTE IMPRESCINDIBLE. Ningún alimento aparte del tomate puede ocupar un lugar más preferente que el queso cuando hablamos de pasta. Aunque existen cientos de quesos, vamos a reseñar únicamente los que son genuinamente italianos y gozan de gran aceptación en todo el mundo para acompañar platos de su gastronomía tradicional.

BURRATA

UNA DELICIA HECHA CON RESTOS. Así es, en efecto: con los restos de la mozzarella, se fabrica este queso que, etimológicamente, evoca a su origen: *burra* significa «mantequilla» en italiano, Por fuera es un queso más bien duro, pero el interior es cremoso. Es muy parecido a la mozzarella, su diferencia es que este se hace con leche de vaca y no con leche de búfala. Es perfecto para ensaladas.

GORGONZOLA

QUESO AZUL. Procede de la ciudad del mismo nombre cerca de Milán y es un queso de tipo azul, de los que emplean hongos, que son los que le dan su peculiar aspecto con vetas azuladas. Es un queso de sabor fuerte que se presenta en dos versiones: la dulce y la picante. Es habitual consumirlo untado sobre pan, pero también se añade a las pizzas y a las salsas y cremas que acompañan las pastas.

MASCARPONE

QUESO CREMA. Originario de la Lombardía, este queso en crema se utiliza sobre todo para elaborar el famoso postre italiano, el tiramisú, pero en realidad puede usarse para más cosas, sobre todo como ingrediente en salsas o cremas de queso para acompañar a la pasta.

EN RESUMEN...

Los quesos duros, como el parmesano o el pecorino, son ideales para rallar. Los blandos son más adecuados para fundir y gratinar y los frescos se usan en ensaladas o para rellenar.

MOZZARELLA

AL NATURAL O FUNDIDO. Este famoso queso elaborado con leche de búfala tiene denominación de origen protegida. En su versión fresca, se consume troceado o en pequeñas perlas en ensaladas tan populares como la caprese. Es también muy utilizado como queso para fundir, tanto en platos de pasta como de pizza.

PARMESANO

COMO SU NOMBRE INDICA, DE PARMA. Este queso de vaca también tiene denominación de origen protegida y es quizá el más conocido de Italia. Duro y de sabor intenso, se utiliza para rallar o en escamas, para acompañar cualquier plato de pasta. En lascas, es típico también de los carpaccios.

PECORINO

EL SABOR DE ROMA. Se trata de un queso elaborado a partir de leche de oveja; de hecho, *pecora* significa «oveja» en italiano. Es de la zona del Lazio, aunque hay variedades también de la Toscana o sicilianas. Es un queso duro y salado que, como el parmesano, se utiliza rallado o en lascas para aderezar los platos.

PROVOLONE

APERITIVO, PARA PASTA Y PARA PIZZA. Originario del sur de Italia, aunque hoy concentra su producción en el norte, el provolone es un queso de vaca, semi duro, que suele tener forma redondeada o cónica. Es muy versátil: se puede comer como aperitivo con rebanadas de pan, pero también es bueno para fundir en rodajas aliñado con hierbas aromáticas y para rallar.

RICOTTA

LIGERO Y SALUDABLE. Literalmente, significa «recocido» y es que este queso fresco y cremoso se elabora con el suero de queso. También se le llama requesón. Una de sus ventajas es que tiene menor carga calórica que otros quesos, cosa a tener en cuenta en dietas de adelgazamiento. Se utiliza mucho para hacer rellenos de canelones o lasañas junto a las espinacas.

Preguntas y respuestas

¿Engorda tanto? Que la pasta engorda mucho es uno de los mitos relacionados con este alimento que hay que desterrar. La pasta aporta hidratos de carbono de combustión lenta, sanos y necesarios. Quizá lo que hay que hacer es prestar más atención a las salsas y evitar las que llevan ingredientes muy calóricos, como la nata.

¿Es mejor la integral? Todos los cereales integrales contienen más fibra y por tanto ayudan a evitar problemas como el estreñimiento. Sin embargo, su textura o sabor no es igual que la de la pasta normal, de manera que hay que hacer un balance sobre qué nos compensa más.

¿Pueden comerla los diabéticos? Lo importante es mantener bajo control el índice glucémico. Las pastas integrales ayudan a absorber los hidratos con gran lentitud, lo que otorga una respuesta glucémica menor y más lenta. Se puede consumir con precaución, en cantidades bajas, mejor en versión integral y siempre observando los índices glucémicos de cada caso.

¿Qué cantidad hay que comer? El concepto de ración puede ser muy relativo de una persona a otra, pero en líneas generales, los nutricionistas recomiendan no consumir más de 100 g de pasta seca en crudo por persona, de manera que el paquete más habitual, el de 500 g, daría para comer a cinco personas. En cuanto a la frecuencia de consumo semanal, lo más indicado sería tomar entre dos y tres raciones de pasta, mejor si alguna es en ensalada.

RECETAS
HOME MADE

Los scialatelli son unos tallarines anchos, planos y más cortos que los fetuccine, inventados recientemente en la Campania. Son algo más cómodos de comer y admiten todo tipo de salsas y condimentos. Hemos elegido la remolacha para darle un toque de color y de dulzor.

Scialatelli
con pesto de remolacha, rúcula y parmesano

INGREDIENTES

Para la pasta fresca
- 200 g de remolacha
- 2 huevos
- 2 pizcas de sal
- 500 g de harina

Para el pesto
- 100 g de remolacha • 3 dientes de ajo • Un puñadito de piñones • 50 ml de aceite de oliva • 100 g de queso parmesano • Albahaca en polvo • Sal y pimienta • Unas hojas de rúcula

ELABORACIÓN

Podemos usar remolacha fresca, que hay que cocer previamente durante media hora (o hasta que esté tierna) y dejar enfriar, o bien comprar remolacha ya en conserva. Batimos la remolacha con su agua usando la batidora y reservamos. Añadimos a esta pasta los huevos, la sal y la harina y amasamos hasta que quede lisa y no se pegue en las manos. Podemos alisar la masa con un rodillo o usar la máquina de pasta hasta obtener planchas finas, que cortamos en tallos no muy largos. Hervimos los scialatelli con agua abundante durante dos o tres minutos y colamos.

Para hacer la salsa pesto, cocemos la remolacha como se ha explicado arriba y la ponemos en el vaso de la batidora. Pelamos y troceamos el ajo y lo añadimos. Ponemos también los piñones (pelados y tostados), el aceite, 30 g de queso parmesano rallado, un toque da albahaca, de sal y de pimienta. Batimos todo hasta obtener una pasta que colocamos sobre los scialatelli. Adornamos con rúcula y con el resto del queso rallado.

SANA REMOLACHA
El pesto de remolacha es una salsa o guarnición saludable. Se pueden hacer variaciones añadiendo cilantro o una cucharada de vinagre junto al aceite a la hora de aliñar.

Hacer pasta de colores es tan sencillo como hacerla normal, tan solo tenemos que elegir el ingrediente natural que le dé color y tener en cuenta que si aporta humedad, habrá que reducir la cantidad de huevo o aumentar la de harina para obtener una buena masa.

Tallarines tricolor
de tomate, huevo y espinaca

INGREDIENTES

Para la pasta naranja
• 3 cucharadas de tomate frito casero • Un huevo • Una pizca de sal • 150 g de harina

Para la pasta al huevo
• Un huevo • Una pizca de sal • 100 g de harina

Para la pasta verde
• 90 g de espinacas • Un huevo • Una pizca de sal • 150 g de harina

ELABORACIÓN

Cada tipo de pasta habrá que hacerla por separado. Primero, colocamos el tomate frito, el huevo, la sal y la harina y amasamos. Según la cantidad de tomate que pongamos tomará un color más anaranjado o más rojizo y podrá necesitar algo más o menos de harina. Cuando la pasta esté lista, la envolvemos en film y la dejamos reposar a temperatura ambiente 30 minutos. Mientras, vamos haciendo las otras pastas, mezclando el huevo, la sal y la harina en el caso de la pasta al huevo y los mismos ingredientes, más las espinacas cocidas y batidas en el segundo caso. Obtendremos así un bloque de masa naranja (de tomate), otro amarillenta (de huevo) y otro verde (de espinacas).

Estiramos la masa con un rodillo o con una máquina para pasta y hacemos láminas finas que cortamos con forma de fetuccine. Cocemos las pastas por separado en agua abundante durante tres minutos y escurrimos. Se pueden presentar en nidos tricolores, simplemente aliñadas con aceite de oliva.

CONGELAR
La pasta fresca se puede congelar para disfrutarla en otro momento, de manera que lo más inteligente es hacer bastante cantidad y guardar lo que no vaya a consumirse ese día en el congelador.

Aunque hay recetas de salsa carbonara que añaden nata, cebolla o champiñones, la receta original no tiene ninguno de esos ingredientes y precisamente en su gran sencillez reside su encanto. Lo clásico es acompañar con esta salsa los espaguetis, aunque también pueden ser fettuccine.

Espaguetis carbonara
con bacón, huevo y parmesano

INGREDIENTES
- 4 dientes de ajo
- 4 huevos
- 150 g de bacón
- 125 g de queso parmesano
- Aceite de oliva virgen extra
- Pimienta negra
- Sal
- 500 g de espaguetis
- Perejil (opcional)

ELABORACIÓN
Para tener todo a mano, primero vamos a preparar los ingredientes de la salsa: pelamos los dientes de ajo y los partimos en láminas muy finas. Los huevos los dejamos fuera de la nevera para que no estén tan fríos. El bacón lo cortamos en tiras. El queso, lo rallamos. En una sartén ponemos una base de aceite a calentar y salteamos los ajos hasta que se doren. Los sacamos y los reservamos. En la misma sartén, doramos el bacón hasta que esté crujiente. Retiramos también y reservamos. Batimos los huevos en un bol y añadimos el queso rallado, pimienta y sal al gusto. Batimos de nuevo y agregamos el ajo y el bacón, mezclando bien.

En una cazuela ponemos agua abundante con sal y la llevamos a ebullición. Añadimos los espaguetis y seguimos las instrucciones del fabricante para cocerlos al dente. Escurrimos y, mientras la pasta aún está bien caliente, añadimos la salsa carbonara y removemos. De este modo, el huevo se cuaja un poco, lo justo. Se debe comer nada más servir.

PRESENTACIÓN
Se puede servir la cazuela de espaguetis carbonara con un cuenco de parmesano rallado y otro de perejil picado para que cada comensal aliñe su plato como más le guste.

Este tipo de pasta, que tiene una variedad en miniatura llamada «conchigliette», es ideal para rellenar, ya que tiene una forma perfecta para que una salsa compacta no se salga. Aunque la más común es la conchiglie de trigo duro amarillenta, también se comercializa en otros colores.

Conchiglie rellenas
de queso ricotta y espinacas

INGREDIENTES

Para la pasta rellena
- 200 g de hojas de espinaca
- 40 g de mantequilla
- Sal, pimienta y nuez moscada
- 200 g de queso ricotta
- 25 g de parmesano rallado
- Un huevo
- 400 g de conchiglie

Para la salsa de tomate
- Una cebolla • 30 ml de aceite de oliva • Un bote de tomate natural • ¼ de cucharadita de sal y de azúcar

ELABORACIÓN

Lavamos las hojas de espinaca, las escurrimos y las troceamos finas. En una cazuela, ponemos la mantequilla a calentar y cuando se derrita, añadimos las espinacas. Salpimentamos al gusto. Dejamos cocinar cinco minutos a fuego medio removiendo. Deben quedar secas, sin agua (podemos subir el fuego al final para que se consuma el agua). En un bol, ponemos las espinacas y cuando se enfríen, mezclamos con el queso ricotta machacado con tenedor, el parmesano y una pizca de nuez moscada. Agregamos el huevo batido. Podemos batir todo el conjunto con la batidora si queremos un relleno muy compacto o hacerlo a mano.

En una cazuela con agua abundante y sal cocemos las conchiglie y las escurrimos cuando estén al dente. Con sumo cuidado, las rellenamos una a una con las espinacas y el queso. Alguna puede romperse, así que es mejor hacer de más. Hacemos la salsa de tomate casera (ver más abajo) y colocamos la pasta rellena sobre ella en una fuente.

SALSA DE TOMATE
Sofreímos la cebolla bien picadita y añadimos el tomate dejando que se cocine a fuego bajo 15 minutos, rectificando de sal y de azúcar hasta obtener una salsa equilibrada.

El canelón es un tubo de pasta que puede rellenarse de carne, aunque esta versión vegetariana es más saludable. Este pequeño cilindro admite todo tipo de salsas, siendo la más común la besamel. Hemos querido innovar el clásico optando por la salsa de tomate casera.

Canelones dos colores
con salsa de tomate, ricotta y espinaca

INGREDIENTES
Para los canelones
- 18-20 placas de canelón
- 2 dientes de ajo
- Aceite de oliva
- 300 g de espinacas frescas
- Sal, orégano y albahaca
- 500 g de ricotta
- Queso rallado (opcional)

Para la salsa
- 5 tomates maduros • ½ cebolla
- Aceite de oliva • ¼ de cucharadita de sal y de azúcar

ELABORACIÓN
Ponemos al fuego una cazuela con agua abundante y sal. Cuando hierva, vamos añadiendo las placas de canelón dejando que se cuezan al dente (seguir las instrucciones del fabricante) y las sacamos con cuidado para no romperlas. Las reservamos ya escurridas sobre una superficie limpia.

Pelamos y cortamos muy menudo el ajo. En una sartén con una base de aceite, sofreímos el ajo hasta que se dore y añadimos las espinacas muy troceadas. Añadimos sal, orégano y albahaca al gusto y dejamos cocinar a fuego bajo hasta que mengüen mucho y queden blandas. Escurrimos y mezclamos con la ricotta usando un tenedor. Rellenamos los canelones y los cerramos. Reservamos.

Pelamos y picamos finos los tomates y la cebolla. En una sartén con poco aceite, sofreímos la cebolla y añadimos los tomates. dejamos que se cocinen lentamente unos 20 minutos, rectificando de sal y de azúcar (para evitar que la salsa sea ácida). Podemos pasar por la batidora.

HORNEAR
En una bandeja de horno ponemos una base de salsa de tomate y encima, los canelones y otra capa de salsa de tomate. Horneamos a 180 °C durante 15 minutos. Podemos añadir queso rallado antes o después de hornear.

La pasta es por definición un alimento versátil que admite todo tipo de variedades y acompañamientos, pero eso no significa que tengamos que cocinar mucho para disfrutarla. Este plato es de una sencillez prodigiosa y sin embargo nos puede alegrar cualquier comida.

Espaguetis blancos
con guisantes y prosciutto

INGREDIENTES
- 150 g de guisantes congelados
- 40 g de mantequilla
- 150 g de prosciutto
- Sal fina
- Pimienta negra molida
- 100 ml de nata
- 400 g de espaguetis
- 100 g de mozzarella
- Queso parmesano rallado

ELABORACIÓN
Cocemos en agua abundante los guisantes durante unos 10 minutos, los escurrimos y los reservamos. En una sartén, derretimos la mantequilla y añadimos el prosciutto en pequeñas lonchas, salteamos un poco, salpimentamos y agregamos la nata y los guisantes, dejando que se cocine todo junto unos minutos más.

Para cocer la pasta seca queremos dar algunas reglas sencillas y útiles. Por ejemplo, que por cada 100 g de pasta habría que poner un litro de agua y 1 g de sal por cada litro. La sal se añade en cuanto empieza a hervir y, cuando se disuelva, echamos la pasta de una sola vez y removemos. El tiempo especificado por el fabricante hay que contarlo desde que hierve de nuevo y cuando esté al dente hay que cortar la cocción con agua fría para que no se pase. Colamos los espaguetis y los mezclamos con el prosciutto y los guisantes. Agregamos unas bolitas de mozzarella y podemos espolvorear queso parmesano al servir.

PRESENTACIÓN
Las mejores hierbas aromáticas para añadir a los platos de pasta justo antes de servir son el perejil, el orégano y la albahaca. Hay que picarlas muy menudas y no ser demasiado generosos para que no se apoderen del sabor.

La popular lasaña italiana, prima hermana de la musaka griega, tiene dos vertientes: la tradicional con boloñesa (de carne y tomate) y la versión vegetariana, que la rellena con verduras y utiliza la salsa besamel como cobertura. En ambos casos, eso sí, se gratina al horno.

Lasaña vegetal
con relleno de espinaca y calabacín

INGREDIENTES

Para la lasaña
- 8 placas de pasta de lasaña
- 200 g de espinacas frescas
- 200 g de queso ricotta
- 2 calabacines
- Una cebolla
- 30 ml de aceite de oliva
- Sal y pimienta
- Queso rallado

Para la besamel
- 60 g de mantequilla • 50 g de harina • 500 ml de leche • Sal

ELABORACIÓN

En una cazuela con agua y sal cocemos las láminas de lasaña durante unos 15 minutos (o lo que especifique el fabricante). Las escurrimos y las dejamos reservadas, extendidas en una superficie limpia.

Lavamos y troceamos finas las espinacas. Las cocemos durante 5 minutos, las escurrimos y las mezclamos con el queso usando un tenedor. Pelamos y troceamos menudo el calabacín y la cebolla. En una sartén con un chorito de aceite, sofreímos la cebolla hasta que se dore y añadimos el calabacín, dejando que se cocine cinco minutos. Unimos las espinacas y el calabacín y salpimentamos. Preparamos una besamel tal y como se explica abajo.

En una bandeja para horno, colocamos dos láminas de pasta y encima, una capa de relleno de espinaca y calabacín; de nuevo dos placas de lasaña y otra capa de relleno y así hasta completar la lasaña, terminando con una capa de pasta. Encima ponemos la besamel, espolvoreamos con queso rallado y gratinamos hasta que se dore.

SALSA BESAMEL
Hacemos la besamel derritiendo la mantequilla en una sartén. Añadimos la harina y removemos hasta lograr una masa sin grumos. Poco a poco, vamos añadiendo la leche sin dejar de remover, hasta que empiece a espesar y rectificamos de sal.

El linguine o linguini es una pasta muy parecida al espagueti, aunque algo más fino y aplastado. Se emplea de manera tradicional en los platos de pescado o de marisco, como hemos hecho nosotros con este clásico frutti di mare, que es una típica comida navideña en la zona napolitana.

Linguini frutti di mare
con mariscos y reducción de vino blanco

INGREDIENTES

- 250 g de almejas
- Sal
- 200 g de gambas
- Una cebolla
- 3 dientes de ajo
- 200 g de mejillones
- 400 g de linguini
- 40 ml de aceite de oliva
- Un vaso de vino blanco
- Pimienta negra
- Un ramillete de perejil fresco

ELABORACIÓN

Las almejas hay que lavarlas y colocarlas en un recipiente con agua fría y sal para que vayan soltando la arenilla. Podemos cambiar el agua varias veces. Mientras, pelamos las gambas y las reservamos. Por otro lado, pelamos y picamos la cebolla y el ajo, todo muy menudito. Limpiamos los mejillones de barbas por fuera. En una cazuela con agua y sal cocemos los linguini siguiendo las instrucciones del fabricante.

En una sartén, ponemos una base de aceite y sofreímos la cebolla y el ajo. Cuando comience a dorarse, agregamos las gambas y cocinamos dos minutos. Añadimos las almejas, los mejillones y el vino y dejamos que el conjunto cueza hasta que los mariscos se abran. Agregamos los linguini ya cocidos y escurridos, salpimentamos y salteamos todo el conjunto unos minutos. Al emplatar, justo antes de servir, espolvoreamos con perejil picado.

VARIANTE

El frutti di mare admite perfectamente la salsa de tomate como fondo. Podemos añadirla al final, cuando vamos a saltear los ingredientes con la pasta, y dejar que se cocine unos minutos todo junto.

Los característicos rigatoni, con su forma tubular gruesa y sus estrías, son el soporte ideal para cualquier salsa, ya que precisamente fueron diseñados para que se quedara adherida con facilidad. Es una pasta típica de la isla de Sicilia y de la zona calabresa.

Rigatoni
con salsa calabresa tradicional

INGREDIENTES
Para la pasta
- 400 g de rigatoni
- Sal
- Un ramillete de albahaca

Para la salsa calabresa
- 3 dientes de ajo • ½ cebolla • Un pimiento rojo • 100 g de longaniza • Aceite de oliva • 500 ml de tomate triturado • Orégano, azúcar y sal

ELABORACIÓN
En una cazuela con agua y sal cocemos los rigatoni hasta que estén al dente y los reservamos. La albahaca la lavamos, escurrimos y reservamos también.

Pelamos y picamos los ajos y la cebolla. El pimiento lo lavamos y también lo picamos. La longaniza la troceamos menuda. En una sartén con una base de aceite, echamos el ajo, la cebolla y el pimiento y dejamos que se vayan cocinando a fuego lento hasta que estén blandos. Agregamos la longaniza y salteamos todo junto. Añadimos el tomate triturado y dejamos que la salsa se haga durante cinco minutos, rectificando de sal y de azúcar y espolvoreando con orégano para darle aroma.

Cuando esté la salsa, emplatamos colocando una cama de rigatoni con un copete de salsa calabresa encima y adornamos el conjunto con hojitas de albahaca fresca.

MIL SALSAS DE TOMATE
La salsa de tomate clásica solo se hace con tomate y cebolla, pero podemos añadir todo tipo de verduras y también carnes o fiambres, como en este caso, para enriquecer un plato.

El penne es otro tipo de pasta seca con forma de cilindro, estriada y cortada de forma oblicua. También se les conoce con el nombre de plumas, porque su corte transversal recuerda a un plumín de escritura. Con la salsa all'arrabiata son típicos del Sorrento napolitano.

Penne all'arrabiata
con guindillas, salsa de tomate y aceitunas

INGREDIENTES
Para la pasta
- 400 g de penne
- Sal
- 150 g de aceitunas
- Hojas de albahaca fresca
- Queso rallado (opcional)

Para la salsa
- Una cebolla • 2 dientes de ajo
- 4 tomates maduros • Aceite de oliva • 2 guindillas • Sal • Azúcar (opcional)

ELABORACIÓN
Pelamos y picamos la cebolla y los ajos de manera que queden muy menudos. Los tomates los escalfamos un minuto en agua hirviendo para pelarlos con facilidad y los batimos en batidora. En una sartén con un poco de aceite, los sofreímos a fuego bajo y cuando empiecen a estar transparentes, agregamos el tomate. Dejamos cocinar durante 10-15 minutos y hacia el final, añadimos las guindillas troceadas. Removemos y rectificamos de sal. Si la salsa está ácida podemos agregar una pizca de azúcar.

En una cazuela con agua y sal cocemos los penne siguiendo las indicaciones del fabricante. Cuando estén al dente, los escurrimos y los dividimos en cuatro platos. Añadimos la salsa all'arrabiata, mezclando bien, unas pocas aceitunas por plato y unas hojas de albahaca para decorar. Podemos agregar queso rallado si nos gusta.

ALL'ARRABIATA
Esta salsa puede hacerse con guindillas, chiles o cualquier otro pimiento picante. Su nombre es un indicativo de su fuerza, aunque para estómagos delicados, podemos probar pimientos que no piquen.

Estos cuadrados de pasta típicos de la zona genovesa están pensados para rellenarse de carne, queso o verduras y servirse después acompañados de alguna salsa. Hemos innovado la receta original con estos ravioli de intenso color, mucho más originales.

Ravioli de remolacha
con queso, aceite de trufa y albahaca fresca

INGREDIENTES
Para la pasta fresca
- Una remolacha cocida
- 2 cucharadas de aceite de oliva
- ½ cucharadita de sal
- 300 g de harina
- 3 huevos

Para los ravioli
- 150 g de espinacas frescas • 200 g de queso de cabra • 100 ml de aceite de trufa • 50 g de queso rallado • Unas hojas de albahaca fresca

ELABORACIÓN
La remolacha ya cocida se aplasta bien con un tenedor y se mezcla con el aceite hasta tener un puré muy liso. Tamizamos la harina con la sal y hacemos un volcán sobre la mesa de la cocina en cuyo interior echamos la remolacha y los huevos. Amasamos unos 10 minutos hasta tener una masa flexible (puede pedir más harina). Dejamos reposar un cuarto de hora. Extendemos la masa con un rodillo. Necesitamos sacar tiras de masa de 1 mm de grosor con un anchura de ravioli para rellenar. Mientras reposan las tiras hacemos el relleno.

Cocemos las espinacas muy troceadas durante cinco minutos, las escurrimos y las añadimos al queso de cabra, aplastando todo bien con un tenedor. Sobre la tira de pasta, ponemos una cucharadita del relleno dejando suficiente separación. Colocamos otra tira de pasta encima y cortamos separando los ravioli. Sellamos humedeciendo con agua o presionando con un tenedor los bordes. Cocemos los ravioli hasta que floten, los escurrimos y los servimos aliñados con aceite de trufa, queso rallado y hojas de albahaca.

ACEITE DE TRUFA
Aunque el aceite de trufa podría hacerse en casa aromatizando con trufa rallada un buen aceite de oliva, es mejor comprarlo ya preparado, porque se corre el riesgo de que proliferen las bacterias.

En Italia llaman a la salsa boloñesa «ragù alla bolognese» y es un clásico de la Emilia Romaña. Este guiso tradicional hace de cualquier pasta un plato único, tan sabroso como nutritivo.

Pasta boloñesa
con la tradicional salsa italiana y queso fresco

INGREDIENTES
- 500 g de carne picada
- Sal y pimienta negra
- 150 g de bacón
- Una cebolla
- Una zanahoria
- Aceite de oliva
- Perejil picado
- Orégano
- 200 ml de tomate frito
- 100 ml de vino blanco
- 400 g de espaguetis
- Queso rallado
- Perejil rizado

ELABORACIÓN
La carne picada debe ser de calidad. Puede ser de ternera solo o mezclada con cerdo, pero en todo caso, comprada en carnicería donde podamos ver cómo pican la pieza que hayamos seleccionado. Salpimentamos la carne picada. Troceamos el bacón, Pelamos y picamos la cebolla y la zanahoria.

En una sartén con poco aceite cocinamos el bacón hasta que esté crujiente, lo sacamos y lo reservamos. En esa misma sartén, sofreímos la cebolla y la zanahoria, hasta que se queden blandas. Agregamos perejil picado, orégano, sal y pimienta y, por fin, la carne, que cocinamos unos cinco minutos. Añadimos el tomate y el vino y dejamos que se cocine y reduzca durante media hora a fuego suave. Al terminar, agregamos el bacón y revolvemos.

La salsa está lista para añadirla a nuestra pasta favorita, en este caso unos espaguetis que coceremos en función de las especificaciones del fabricante. Decoramos con queso rallado y ramilletes de perejil rizado.

SALSA CASERA
La salsa de tomate para esta receta debe ser casera, pues con una de bote se pierde todo el sabor. Podemos hacerla con tomates frescos o ya cocidos de bote, pero siempre hecha en casa.

Los pici son típicos de la Toscana y en apariencia son muy similares a los espaguetis. Se trata de una pasta algo más gruesa que, en su confección tradicional se amasan en grandes cazos de cobre, algo que les otorga un sabor peculiar. Se suelen acompañar de un ragú o picadillo del estilo de la boloñesa.

Pici toscani
con albóndigas, salsa de tomate, rúcula y queso

INGREDIENTES
- 500 g de carne picada
- 2 rebanadas de pan
- ½ taza de leche
- Un diente de ajo
- Una rama de perejil
- Un huevo
- Una pizca de sal
- Harina
- Aceite de oliva
- 400 g de pici
- 200 ml de salsa de tomate
- Hojas de rúcula
- Queso rallado

ELABORACIÓN
Para hacer las albóndigas, lo mejor es una carne picada mixta (250 g de ternera y 250 g de cerdo). Mojamos el pan en leche y lo añadimos a la carne picada. Colocamos la carne en un bol y la mezclamos manualmente con el ajo (pelado y picado muy fino), el perejil (también picado muy menudo) el huevo y la sal. Hacemos albóndigas con las manos y las enharinamos. En una sartén con aceite abundante, doramos las albóndigas y las sacamos, dejándolas escurrir sobre papel de cocina.

Cocemos los pici en agua con sal y cuando estén al dente, los escurrimos y los reservamos.

Hacemos una salsa de tomate casera como se explica en recetas anteriores (conchiglie y canelones). Añadimos las albóndigas a la salsa para que den el último hervor. Podemos emplatar colocando una cama de pici y la salsa con albóndigas por encima, y adornando con hojitas de rúcula y queso rallado.

QUESO RALLADO
Aunque podemos elegir uno ya envasado, es mejor rallar el queso antes de servirlo. Los más habituales son el parmesano, el cheddar y el pecorino romano, aunque depende de los gustos.

En italiano, «farfalla» significa «mariposa», que es la preciosa y característica forma de esta pasta. Se empezó a consumir en la Lombardía y la Emilia Romaña en el siglo XVI y hoy en día se comercializa tanto al natural como en varios colores, lo que la hace aún más decorativa.

Farfalle con pollo
canónigos, aroma de trufa y queso

INGREDIENTES
- 300 g de farfalle
- Sal
- 3 dientes de ajo
- Aceite de oliva
- 2 pechugas de pollo
- Pimienta negra
- 200 g de canónigos
- 10 g de trufa negra rallada
- Queso rallado

ELABORACIÓN
En un recipiente con agua y sal cocemos los farfalle el tiempo que especifique el fabricante. Los escurrimos y los reservamos.

Pelamos y picamos menudos los ajos y en una sartén con un poco de aceite los sofreímos hasta que tomen un poco de color. Entonces echamos el pollo, que previamente habremos cortado en trozos y salpimentado al gusto. Dejamos que el pollo se cocine removiéndolo de vez en cuando hasta que quede dorado e incluso con un grado crujiente.

Agregamos al pollo al ajillo las hojas de canónigos y dejamos que se cocinen con cuidado, porque tardan poco tiempo. Es el momento de añadir los farfalle que teníamos reservados, espolvoreamos con la trufa rallada y salteamos todo junto un par de minutos. Podemos espolvorear con queso rallado antes de servir.

TRUFA
La trufa es un producto caro y escaso que enriquece notablemente cualquier plato. Debe añadirse siempre poco antes de acabar de cocinar el plato. Puede congelarse y rallarse cuando se vaya a necesitar.

Estas simpáticas espirales o hélices de pasta se comercializan también en varios colores y su forma retiene con gran eficacia cualquier salsa. Suelen usarse también, al igual que el farfalle, para hacer ensaladas, porque resultan más decorativas que otras pastas.

Fusilli con pesto
de piñones, hojas de albahaca y parmesano

INGREDIENTES
- 50 g de hojas de albahaca fresca
- 2 dientes de ajo
- 50 g de piñones
- 120 ml de aceite de oliva
- 100 g de queso parmesano rallado
- Sal
- 400 g de fusilli

ELABORACIÓN
La salsa pesto, una de las más conocidas de la cocina italiana, es una delicia y además muy rápida y sencilla de preparar. En primer lugar, necesitaremos un almirez o mortero para hacer la pasta manualmente. Lavamos las hojas de albahaca y pelamos los ajos y los piñones.

Colocamos estos tres ingredientes en el mortero y los trituramos hasta obtener una pasta. Agregamos el aceite poco a poco, en forma de hilo, mientras batimos para conseguir una mezcla cremosa. Por último, añadimos el queso removiendo el conjunto y rectificamos de sal.

En una cazuela con agua hirviendo añadimos sal y los fusilli, dejando que cuezan hasta que estén al dente. Los escurrimos y los colocamos en cuencos individuales, mezclándolos con salsa pesto y adornando con hojas de albahaca justo antes de servir.

CONGELAR
La salsa pesto se conserva bien en frigorífico hasta cuatro días. Si hacemos mucha cantidad y no vamos a comerla, es mejor congelar una parte. Existe una variedad de esta salsa que usa nueces en lugar de piñones.

Dentro de la pasta penne hay una serie de variantes. Por ejemplo, los hay estriados o lisos y cuando hablamos de penne con un tamaño mayor al normal, nos referimos a los pennoni. Al igual que el resto de su familia, se hacen con sémola de trigo y se trata de pasta seca.

Pennoni con salmón
y crema de queso

INGREDIENTES
- 200 ml de nata líquida
- 100 g de queso parmesano en trozos pequeños o rallado
- 400 g de pennoni
- Sal
- 100 g de salmón ahumado
- Perejil (opcional)
- Queso rallado (opcional)

ELABORACIÓN
En una cazuela, calentamos la nata y cuando humee, agregamos el queso. Vamos removiendo hasta fundir por completo el queso y obtener una salsa muy cremosa y algo más espesa que la nata líquida. En todo momento cocinaremos con fuebo bajo, porque si no, tiene tendencia a quemarse y pegarse al cazo.

Por otro lado, pondremos una cazuela de agua a hervir con un poco de sal y coceremos los pennoni. Normalmente, bastarán unos 10 minutos para que estén al dente, pero hay que seguir las instrucciones del fabricante y comprobarlo antes de colarlos.

Cortamos en trozos pequeños el salmón ahumado y los añadimos a la salsa de queso mezclando bien. Por fin, echamos la salsa sobre los pennoni y volvemos a remover. Antes de servir podemos espolvorear el plato con perejil, ya sea fresco y picado, o seco. Servimos con un cuenco de queso rallado al lado por si algún comensal desea añadirlo.

CUESTIÓN DE TAMAÑO
Una opción diferente cuando cocinamos pennoni especialmente grandes es rellenarlos, como si se tratasen de pequeños canelones que después podemos gratinar.

Entre las pastas de filamento del estilo de los espaguetis también existen multitud de variantes. Estos tienen la peculiaridad de hacerse en una máquina especial, llamada chitarra, que le da una sección cuadrada, en lugar de redonda, obteniendo presentaciones más originales.

Espaguetis alla chitarra
con pimientos asados y parmesano

INGREDIENTES
Para la pasta fresca
- 600 g de hariza de maíz
- Una pizca de sal
- 2 cucharadas de aceite de oliva
- 4 cucharadas de agua
- 4 huevos

Para el acompañamiento
- 6 pimientos rojos medianos • Sal fina y gorda• Aceite de oliva • 100 g de queso parmesano en lascas • Pimienta negra

ELABORACIÓN
Tamizamos la harina de maíz con la sal y colocamos estos ingredientes secos en un bol. Hacemos un hueco en el interior y agregamos el aceite, el agua y los huevos. Amasamos manualmente hasta obtener una masa homogénea y lisa que no se pegue a los dedos (podría necesitar algo más de harina). Dejamos reposar la masa media hora y entonces la estiramos con un rodillo y la cortamos con una máquina para hacer pasta fresca que tenga sección cuadrada. Ponemos una cazuela al fuego y cuando entre en ebullición, hervimos durante unos cinco minutos nuestra pasta fresca. Escurrimos y reservamos.

Por otro lado, hay que lavar y secar los pimientos y colocarlos en una bandeja para horno forrada de papel de aluminio. Echamos un poco de sal y un chorrito de aceite de oliva sobre cada pimiento y horneamos unos 50 minutos. Aliñamos con sal y aceite de oliva los espaguetis y emplatamos poniendo una ración, con su guarnición de pimientos, lascas de parmesano y aderezado con granos de pimienta negra y sal gorda.

SIN GLUTEN
Esta receta de pasta fresca se hace con harina de maíz, de manera que puede consumirse sin ningún problema por los celiacos o intolerantes al gluten. Su apariencia, salvo por el acusado color amarillo, es casi la misma.

Aunque el nombre significa «gemelo» en italiano, en realidad este tipo de pasta no son dos piezas separadas, sino una sola: un tubo de pasta fino que se retuerce formando una curiosa espiral. Como los fusilli, tienen la propiedad de atrapar muy bien las salsas.

Gemelli al forno
con carne picada, albahaca, ron y guindilla

INGREDIENTES
- ½ cebolla
- 2 dientes de ajo
- Aceite de oliva
- Guindilla (al gusto)
- 200 g de carne picada
- Sal y pimienta
- Un chorro de ron
- 3 tomates maduros
- 350 g de gemelli
- 150 g de mozzarella
- Queso rallado
- Hojas de albahaca fresca

ELABORACIÓN
Pelamos y picamos la cebolla y el ajo y los sofreímos en una sartén con un poco de aceite. Cuando empiecen a dorarse añadimos la guindilla picada y a continuación la carne picada. Aunque es cuestión de gustos, la carne picada mixta con ternera y cerdo es más jugosa para este plato. Salpimentamos la carne, añadimos un chorro de ron y dejamos que se evapore mientras comienza a cocinarse la carne. Mientras, pelamos y picamos el tomate y lo añadimos a la sartén dejando que se cocine todo unos 10 minutos.

La pasta la cocemos en agua con sal al dente, la escurrimos y la colocamos en un recipiente para horno. Encima, echamos el aderezo de carne y tomate. Colocamos la mozarella encima y horneamos unos 10 minutos, hasta que se funda el queso. Podemos añadir queso rallado y hojas de albahaca fresca para decorar antes de servir.

BACTERIAS
La carne picada es un alimento en el que pueden proliferar bacterias fácilmente. Como precaución, no debemos conservarla más de dos días y siempre en frigorífico y debemos cocinarla a más de 70 ºC.

La traducción literal de orecchiette es «orejitas». La curiosa forma de esta pequeña pieza de pasta es como de platillo, con el centro más hundido. Por increíble que parezca, esta pasta no es originaria de Italia, sino de la Provenza francesa, donde se sabe que se consumían desde época medieval.

Orecchiette tricolor
con ajo, salvia y parmesano rallado

INGREDIENTES
- 4 dientes de ajo
- Una berenjena
- Aceite de oliva
- Sal
- 400 g de orecchiette
- 100 g de queso parmesano rallado
- Hojas de salvia fresca

ELABORACIÓN
Esta receta vegetariana basa su potencial en productos de huerta tan contundentes como la berenjena y el ajo. Resulta muy socorrida para cuando no hay tiempo de cocinar.

Pelamos y picamos los ajos. Lavamos, secamos y cortamos en trocitos la berenjena. En una sartén, ponemos una base de aceite de oliva y salteamos los ajos. Cuando empiecen a dorarse, añadimos la berenjena y dejamos cocinar a fuego bajo hasta que queden tiernas.

Mientras se cocina la berenjena podemos poner una cazuela con agua a hervir para cocer los orecchiette al dente. Los escurrimos en un colador y los reservamos. Cuando la verdura esté hecha, añadimos la pasta, rectificamos de sal y salteamos todo junto. Justo antes de servir, espolvoreamos con queso parmesano recién rallado y adornamos con hojas de salvia.

VARIEDAD CHINA
Las orecchiette tienen una versión oriental en China, donde las llaman «maoerduo». Son muy similares: orejitas de pasta para cocinar tanto en sopas como con diferentes salsas.

No hay una pasta más regia que esta, ya que debe su nombre a la princesa Mafalda de Saboya y por este origen, también se la conoce como «reginette», que en italiano significa «para las pequeñas reinas». En realidad, son cintas largas y planas al estilo del fettuccine, pero con bordes ondulados.

Mafaldine gratinados
con verduras, orégano y queso fundido

INGREDIENTES
- Una cebolla
- Una berenjena
- Un calabacín
- 3 dientres de ajo
- 8 tomatitos cherry
- Aceite de oliva
- Sal y pimienta
- 400 g de mafaldine
- 150 g de queso rallado
- Orégano

ELABORACIÓN
Preparamos las verduras así: pelamos y picamos la cebolla; lavamos, secamos y cortamos en juliana la berenjena y el calabacín; pelamos y cortamos en láminas el ajo y lavamos los tomatitos. En una sartén, ponemos tres o cuatro cucharadas de aceite de oliva y sofreímos la cebolla hasta que empiece a transparentar. Entonces añadimos la berenjena y el calabacín, salpimentamos y dejamos que se cocine a fuego suave hasta que las verduras queden blandas. En otra sartén con otro poco de aceite sofreímos los ajos y los tomates cherry unos minutos.

Mientras se hacen las verduras, cocemos los mafaldine en agua con sal y los escurrimos. En una bandeja para horno, colocamos una capa de verdura, los mafaldine mezclados con el resto de verduras encima y los tomatitos hincados en la parte superior. Espolvoreamos con queso rallado y orégano y gratinamos durante 10 minutos.

SOFRITO
Una de las maneras más populares de disfrutar de platos de pasta es acompañándola de un buen sofrito de verduras. No solo le da sabor, sino que se obtiene un menú muy equilibrado, sin grasas.

Una presentación muy atractiva que hace de esta pasta un plato único. Las nueces no son solo un ingrediente sabroso o nutritivo, sino que poseen el poder de reducir un 30% el riego cardiovascular si se consumen habitualmente.

Ravioli de nuez
con ensalada de col roja

INGREDIENTES

Para la pasta fresca
- 400 g de harina
- Una pizca de sal
- 4 huevos

Para el relleno y la guarnición
- 200 g de queso azul
- 100 g de nueces
- 100 g de lechuga
- 100 g de lombarda
- Aceite de oliva
- Sal

ELABORACIÓN

Tamizamos la harina y la sal y las ponemos en una mesa limpia en forma de volcán. En medio, añadimos los huevos y amasamos manualmente hasta obtener una bola de masa flexible y suave. La envolvemos en film y la dejamos reposar 30 minutos en frío. Extendemos la masa con un rodillo y hacemos tiras alargadas con ella.

En un bol, ponemos el queso azul y las nueces (previamente peladas y partidas en trozos pequeños) y machacamos con un tenedor hasta obtener una pasta compacta. Vamos colocando una cucharada de este relleno en las tiras de masa dejando espacio entre ellas. Cubrimos con otra tira de pasta y, usando un cortapastas con la forma adecuada, cortamos los ravioli. Si hace falta, sellamos los bordes con un poco de agua. Cocemos los ravioli en agua abundante con sal durante cinco minutos y los escurrimos. En platos individuales, preparamos una cama de verdura cortando en juliana la lechuga y la lombarda. Aliñamos sencillamente con aceite y sal y colocamos los ravioli encima.

RELLENOS

El relleno de la pasta fresca puede contener tropezones o estar totalmente triturado, eso va en gustos. Y puede añadirse cualquier ingrediente; en este caso, unos taquitos de jamón casarían muy bien.

Esta pasta tradicional elaborada con patata se consume los jueves en las trattorias italianas, que es el día en que se preparan. Al ser pasta de patata, aguanta mal la congelación y por eso se consumen frescos un día determinado. En América Latina suelen comerse los días 29 de cada mes.

Gnocchi caseros
con salsa pesto tradicional

INGREDIENTES

Para los gnocchi
- 4-5 patatas (unos 600 g)
- Sal
- Un huevo
- 300 g de harina

Para la salsa pesto
- 2 dientes de ajo • 60 g de piñones
- 25 g de hojas de albahaca • 120 ml de aceite de oliva • 100 g de parmesano rallado

ELABORACIÓN

Limpiamos las patatas y las cocemos en agua abundante con sal hasta que estén blandas. Las pelamos con facilidad una vez cocidas. Las machacamos con un tenedor en un bol y agregamos el huevo, mezclando todo bien. Vamos añadiendo la harina poco a poco, amasando hasta tener una masa que no se pegue en los dedos. Hay que poner la harina que pida, de manera que puede faltar o sobrar un poco. En una mesa enharinada, extendemos la masa con rodillo y hacemos pequeños rulos de pasta (de unos 2 cm de grosor) que después cortamos en trozos de aproximadamente 1 cm. Esos gnocchi los cocemos en agua hirviendo con sal y, justo cuando floten, los sacamos.

Para hacer la salsa pesto, pelamos y troceamos el ajo y lo colocamos en el mortero junto con la sal. Machacamos a mano, añadimos los piñones y volvemos a machacar. Agregamos la albahaca bien picada y machacamos otra vez. Vamos incorporando el aceite de oliva en hilo mientras removemos y por fin, mezclamos todo con el parmesano rallado. Servimos los gnocchi con su salsa.

CURIOSO ORIGEN
Los gnocchi se empezaron a consumir cuando los señores feudales italianos elevaron el precio de sus molinos para hacer harina de trigo. Ante este abuso, los campesinos hicieron pasta con patata.

También llamados bucatini, los perciatelli son un tipo de pasta con aspecto de espagueti más grueso, ya que en su interior tienen un agujero; es decir, tienen forma de tubo. Es pasta seca, típica de Roma, y suele servirse con bacón y con salsas que incluyen nata o mantequilla.

Perciatelli al natural
con bacón y parmesano rallado

INGREDIENTES
- 300 g de bacón
- 3 cucharadas de aceite de oliva
- 2 dientes de ajo
- Un ramillete de perejil
- 500 g de perciatelli
- Sal
- Pimienta negra
- 100 g de queso parmesano rallado

ELABORACIÓN
El bacón se corta en tiras y después en trozos más pequeños, aunque se puede dejar alguna loncha entera para emplatar con una estética más elaborada. Se coloca el bacón en una sartén, sin aceite (se cocina con su propia grasa) y con tapa. Ponemos fuego fuerte unos minutos y damos la vuelta. Deben quedar tiras tostadas y crujientes. Las sacamos y las dejamos reposar en papel de cocina para retirar el exceso de grasa.

En otra sartén, sofreímos con aceite un poco el ajo (pelado y picado menudo). Agregamos el perejil picado y la pasta, que previamente hay que cocer en agua abundante con sal y escurrir. Salteamos un poco, salpimentamos, añadimos el bacón y volvemos a saltear todo junto. Justo antes de servir, añadimos queso parmesano rallado.

RECETAS PARA QUIEN NO TIENE TIEMPO
La pasta rara vez tarda más de 10 minutos en cocerse, de manera que lo más elaborado del plato suele ser la salsa. Para días con prisa, este tipo de receta es muy socorrida: saltear y listo.

El piombi es una pasta en forma de perlas o bolitas, algo más grandes que el cuscús, de la gastronomía italiana, aunque muy conocidas también en Oriente Medio. Están elaboradas con sémola de trigo y se comercializan en varios colores. Su uso más extendido es en sopa.

Sopa de piombi
con garbanzos y pimentón

INGREDIENTES

- 250 g de garbanzos
- 3 dientes de ajo
- Una cebolla
- 3 tomates maduros
- 3 cucharadas de aceite de oliva
- Sal
- Pimienta negra
- Pimentón
- 1 l de caldo de verduras
- 200 g de piombi

ELABORACIÓN

La noche antes, se dejan los garbanzos en remojo. El día que vamos a hacer la sopa, los escurrimos y los cocemos en agua durante una hora y media. Escurrimos otra vez y reservamos.

Pelamos y picamos finamente los ajos y la cebolla. El tomate lo escaldamos un minuto en agua hirviendo para poder pelarlo con facilidad. Después lo trituramos con batidora y dejamos también reservado.

En una sartén con un poco de aceite, sofreímos el ajo y la cebolla y, cuando empiecen a tomar color, añadimos los garbanzos y salteamos. Agregamos el tomate, salpimentamos y removemos. Espolvoreamos con pimentón, volvemos a remover y, por fin, añadimos el caldo de verduras. Dejamos cocinar a fuego suave unos 30 minutos. Añadimos el piombi y dejamos cocer otros 10 minutos.

CALDO

Un buen caldo de verduras se consigue cociendo puerro, cebolla, zanahoria, apio, calabacín, etc. Con un chorrito de aceite, agua y sal. En olla rápida solo lleva 10 minutos de cocción frente a una hora en cazuela tradicional.

El fettucce, pasta alargada y plana, es más ancho que el linguini y se emplea como ingrediente principal en platos de pasta que van acompañados de carnes o pescados. Es más ancho que el fettuccine, que se asemeja más a la idea del fideo largo y plano, parecido a una cinta.

Fettucce con pollo
tomates secos y parmesano

INGREDIENTES

Para la pasta fresca
- 500 g de harina
- Una pizca de sal
- 3 huevos

Para los fettucce
- 200 g de tomates secos • Una pechuga de pollo • Sal • Pimienta negra • Una cebolla • 3 cucharadas de aceite de oliva • 150 g de queso parmesano rallado • Cebollino fresco

ELABORACIÓN

La noche de antes, pondremos los tomates secos en remojo para que al día siguiente estén bien hidratados. Pediremos en la tienda que nos corten la pechuga de pollo en filetes lo más finos posible y los cortamos en tiras anchas. Salpimentamos por ambos lados los filetes.

Para hacer la pasta fresca, colocamos la harina con la sal en forma de volcán y dentro ponemos los huevos. Vamos mezclando hasta obtener una masa que no se pegue a los dedos. Dejamos reposar envuelta en film media hora y la pasamos por los rodillos de una máquina de pasta dándole la forma de fettucce. En una cazuela con agua y sal los cocemos cinco minutos, los colamos y los escurrimos.

Pelamos y picamos muy fina la cebolla y la sofreímos en una sartén hasta que quede transparente. Entonces añadimos el pollo y lo vamos friendo hasta que tome color. Agregamos los tomates y salteamos. Añadimos los fettucce y volvemos a saltear todo junto. Espolvoreamos con parmesano y cebollino picado antes de servir.

TOMATES SECOS
Si se nos ha olvidado ponerlos en remojo, existe una solución de urgencia: cocerlos durante unos cinco minutos y luego escurrirlos. Quedarán rehidratados y podremos cocinarlos igual.

Fazzoletti puede traducirse como pañuelo. Y es que se trata de una lámina de pasta parecida a la de lasaña, pero mucho más grande. Tiene ventajas e inconvenientes: es muy fácil de hacer como pasta fresca sin necesidad de tener máquina, pero es tan grande, que se rompe con más facilidad al cocerla.

Fazzoletti gratinado
con relleno de carne, tomate y besamel

INGREDIENTES

Para la pasta fresca
• 500 g de harina • 3 huevos
• Una pizca de sal

Para el fazzoletti
• 3 cucharadas de aceite de oliva •
½ cebolla • 250 g de carne picada
• Sal • Pimienta • 150 ml de salsa de
tomate • Queso rallado

Para la besamel
• 3 cucharadas de mantequilla • 2
cucharadas de harina • ½ l de leche
• Sal

ELABORACIÓN

La pasta fresca se hace exactamente igual que en la receta anterior de fetucce, pero en este caso no necesitamos máquina, con un simple rodillo, estiraremos la masa hasta hacer placas de 1-2 mm de grosor y la cortaremos en rectángulos del mismo tamaño. Cocemos cada pañuelo de pasta de uno en uno en agua hirviendo con sal durante cinco o seis minutos. Hay que trabajar con cuidado porque al sacarlos es muy fácil que se rompan. Los reservamos estirados en una superficie limpia y plana.

En una sartén ponemos una base de aceite y pochamos la cebolla, previamente pelada y picada. Agregamos la carne picada, salpimentamos y dejamos que se cocine. Añadimos la salsa de tomate y dejamos que se cocine todo junto cinco minutos más. Por otra parte, hacemos una besamel como se indica abajo. En una bandeja de horno colocamos una lámina de fazzoletti, una capa de tomate, otro fazzoletti, otra capa de besamel y así vamos montando capas hasta terminar con un fazoletti. Espolvoreamos con queso y gratinamos unos 10 minutos.

SALSA BESAMEL
Derretimos la mantequilla en un cazo o sartén y añadimos la harina, removiendo bien. Agregamos la leche lentamente, en hilo, sin dejar de remover, hasta que espese y ligue bien. Rectificamos de sal.

«Cavatelli» significa «hueco pequeño» y es que este tipo de formas son ideales para usar salsas. En este caso, además, están estriados, con lo que el agarre de su aderezo es aún mayor. Los hemos elegido en dos colores para animar un plato tan sencillo.

Cavatelli fríos
con falsa salsa pesto

INGREDIENTES
- 400 g de cavatelli
- Sal
- 2 dientes de ajo
- 2 tazas de hojas de albahaca fresca
- Una taza de aceite de oliva
- Queso rallado (opcional)

ELABORACIÓN
En una cazuela con agua y sal hervimos los cavatelli hasta que estén al dente. Los colamos y los reservamos en un cuenco de ensalada.

Como si fuéramos a hacer salsa pesto, en un mortero ponemos el ajo, previamente pelado y partido en trozos pequeños. Machacamos bien. Agregamos la albahaca, ya limpia y picada, y volvemos a machacar todo junto. Rectificamos de sal y vamos añadiendo el aceite en forma de hilo, sin dejar de machacar y remover hasta obtener una salsa fina con la que aliñamos la pasta.

Opcionalmente, podemos agregar queso rallado al conjunto, lo que le dará cremosidad.

PASTA DE VERANO
Cuando aprieta el calor es mejor tomar la pasta fría, al modo de ensalada o con salsas ligeras como esta. Es una manera de no renunciar a ella por mucho que suban las temperaturas.

En la zona de La Marche, en el centro de Italia, se elabora esta humilde pasta, muy similar a la polenta, que tiene forma de granos pequeñísimos, más bien cremosa, que tradicionalmente se acompaña de ragú. En este caso, el plato es más elaborado y se convierte en un gratinado al estilo de la lasaña.

Frascarelli horneado
con verduras, ragú y parmesano

INGREDIENTES
- 500 g de harina
- Una cebolla
- Una zanahoria grande
- 3-4 cucharadas de aceite de oliva
- 200 g de carne de ternera
- Sal
- 200 g de hojas de espinaca
- Un tomate maduro grande
- Pimienta negra
- 200 g de queso parmesano rallado

ELABORACIÓN
Preparar frascarelli casero es laborioso, pero no complicado. Tan solo hay que extender la harina en una superficie, salpicarla ligeramente con agua tibia, mezclar con los dedos para formar los granitos, e ir separándolos del resto de la harina para volver a comenzar el proceso hasta que tengamos suficiente cantidad. Después se cuece unos cinco minutos y se cuela.

Pelamos y picamos la cebolla y la zanahoria. En una sartén ponemos el aceite. Sofreímos la cebolla y agregamos la carne cortada en trozos pequeños. Salpimentamos. Cuando la carne esté más o menos dorada, añadimos la zanahoria y la espinaca, que antes habremos lavado, escurrido y cortado en trozos.

Cuando el ragú esté hecho, lo mezclamos con el frascarelli y lo colocamos en una bandeja para horno. Aparte, cortamos en rodajas el tomate y lo sofreímos un poco, añadiéndolos a la superficie del frascarelli. Espolvoreamos con queso parmesano rallado y gratinamos durante 10 minutos.

RAGÚ
Cualquier guiso de carne, normalmente acompañada de verduras, es un ragú para asociarse con la pasta. El más conocido es la salsa boloñesa, pero no es el único. Experimentar es sin duda un acierto.

Este plato es el ejemplo de cómo la pasta puede aunar el primer y el segundo plato en uno solo. Es ideal para llevar al trabajo sin complicar el menú, ya que incluye un nido de pasta y las albóndigas, que normalmente constituyen el plato principal. Todo junto es inmejorable.

Fettuccine guisados
con albóndigas y tomate

INGREDIENTES
- 400 g de fettuccine
- Sal
- 500 g de carne picada mixta de ternera y cerdo
- 2 dientes de ajo
- Un ramillete de perejil
- Un huevo
- 30 g de pan rallado
- Harina para rebozar
- Aceite de oliva
- 10 tomatitos cherry
- Hojas de albahaca
- 100 g de parmesano rallado

ELABORACIÓN
Cocemos al dente los fettuccine en agua con sal como indique el fabricante, los colamos y los reservamos.

Colocamos la carne picada en una superficie de trabajo dejando un hueco en medio. Allí ponemos el ajo, pelado y picado muy fino, el perejil también muy picadito, el huevo, un poco de pan rallado y sal al gusto. Con las manos limpias, vamos amasando para mezclarlo todo bien. Con una cuchara, vamos tomando porciones de la carne y formando bolitas que pasamos por harina.

En una sartén con aceite abundante freímos las albóndigas a fuego medio, de manera que queden doradas por fuera y hechas por dentro. Las escurrimos en un poco en papel de cocina. Lavamos y cortamos en trozos los tomates cherry los marcamos un poco en otra sartén con un poco de aceite. Salamos al gusto. Emplatamos colocando una base de fettuccine con una corona de albóndigas y tomates. Para decorar, hojas de albahaca o perejil picadas y queso parmesano rallado.

OTRA OPCIÓN
Si tenemos salsa de tomate frito casera en casa, este plato quedará más sabroso que con los tomates cherry, pero tendrá más carga calórica, algo que siempre debe tenerse en cuenta.

Esta curiosa receta es muy popular en Polonia. Resulta verdaderamente bonita en su presentación y bien puede presidir una mesa festiva, por ejemplo en Navidad. Los tortellini, que generalmente se rellenan con carne, los hemos hecho con setas para lograr un exclusivo contraste de sabores.

Tortellini
en sopa de remolacha

INGREDIENTES

Para los tortellini
- ½ cebolla
- 3 cucharadas de aceite de oliva
- 200 g de setas
- Sal y pimienta
- 50 ml de nata
- 500 g de harina
- 3 huevos

Para la sopa de remolacha
- ½ kg de remolacha cocida • Sal y pimienta negra • 3 cucharadas de: azúcar, vinagre y zumo de limón

ELABORACIÓN

Pelamos y picamos la cebolla y la sofreímos en un poco de aceite. Mientras se hace, picamos las setas y las añadimos, dejando que se pongan blandas. Salpimentamos. Echamos la nata y cocinamos todo el relleno un par de minutos.

Para preparar los tortellini, mezclamos la harina con una pizca de sal y el huevo, amasando hasta que no se nos quede pegado en los dedos. Dividimos la masa en dos y estiramos con el rodillo haciendo dos rectángulos. Vamos colocando una cucharada de relleno dejando espacio entre ellas. Colocamos el otro rectángulo de masa encima y, con los dedos (y agua tibia, si hace falta), vamos sellando los tortellini dándoles la forma. Los cocemos en agua hirviendo con sal durante tres minutos o hasta que floten.

Trituramos la remolacha con una batidora y salpimentamos al gusto. Añadimos el azúcar, el vinagre y el zumo de limón, mezclamos y lo ponemos a cocer al mínimo 10 minutos. Colocamos la sopa en una fuente, los tortellini encima y espolvoreamos con perejil seco.

TORTELLINI
Este anillo de pasta rellena puede cocinarse con una salsa o sobre una sopa o caldo. Nadie puede asegurar su origen, ya que se lo disputan tanto Bolonia como Módena.

Esta pasta peculiar no procede de Italia, sino del este de Europa, en concreto de Polonia. Con forma de media luna o pequeño triángulo, se suelen rellenar con queso, carne o verduras y su peculiaridad es que después se fríe como si se tratase de un híbrido entre pasta rellena y empanadillas.

Pierogi fritos
rellenos de carne, con mantequilla e hinojo

INGREDIENTES

Para la pasta fresca
- 500 g de harina
- Una pizca de sal
- 2 huevos
- ½ taza de agua tibia

Para el relleno
- 3 cucharadas de aceite de oliva• Una cebolla • ½ kg de carne picada mixta de cerdo y ternera • Sal y pimienta negra • Mantequilla • Una ramita de hinojo

ELABORACIÓN

Como siempre con la pasta fresca, colocamos la harina tamizada con la sal en forma de volcán y en el interior, añadimos los huevos. Comenzamos a amasar. Vamos agregando agua según lo pida la masa. Necesitamos una bola de masa ligera y suave. Estiramos la masa con un rodillo y hacemos dos rectángulos.

Para hacer el relleno, ponemos en una sartén con aceite la cebolla previamente pelada y picada. dejamos que se ponga transparente y añadimos la carne picada. Salpimentamos y cocinamos la carne removiéndola de vez en cuando.

Vamos colocando cucharadas de relleno sobre un rectángulo de masa dejando distancia entre ellas y luego ponemos el otro rectángulo de masa encima. Sellamos dando forma de media luna. Podemos ayudarnos de un cortapastas. Cocemos los pierogi en agua con sal tres minutos y después, los freímos ligeramente en una sartén con un poco de mantequilla. Servimos con una ramita de hinojo para decorar.

ORIGEN
Aunque es un plato popular en Polonia, el origen se lo disputan los lituanos, rusos, checos y eslovacos. En cambio, todos se ponen de acuerdo en que se sirve los días de fiestas especiales, como las bodas.

La pasta orzo garantiza que no haya peleas entre los amantes de la pasta y los del arroz. Se trata de un tipo de pasta con forma de granos de arroz, aunque un poco más grandes y más planos. Puede usarse para hacer sopa o para degustar un falso, pero delicioso risotto como este.

Orzo con tomatitos
queso en lascas y tomillo fresco

INGREDIENTES
- 6 cucharadas de aceite de oliva
- 500 g de orzo
- Sal
- ½ l de caldo de pollo
- ¾ kg de tomatitos cherry
- 200 g de queso parmesano cortado en lascas
- Unas ramitas de tomillo

ELABORACIÓN
Para cocinar orzo hay que hacer algo parecido al arroz, pero en lugar de añadir el doble de líquido que de arroz, vamos a añadir la misma cantidad. En primer lugar, ponemos tres cucharadas de aceite en una sartén y echamos el orzo. Dejamos que se tueste y cuando tenga un color dorado, salamos al gusto y agregamos el caldo de pollo, dejándolo a fuego fuerte hasta que el caldo se consuma del todo y el orzo esté tierno. Este orzo básico es una buena guarnición para cualquier plato.

En otra sartén ponemos el resto del aceite y sofreímos los tomatitos hasta que estén blanditos. Emplatamos colocando el orzo como base, los tomatitos encima y unas lascas de queso. Espolvoreamos con tomillo para aromatizar y decorar.

EN COLOR
El orzo es otro tipo de pasta que se comercializa en distintos colores: amarillo, como simple pasta de sémola de trigo al huevo; verde, hecho con espinacas y naranja, con tomate.

Los ravioli son quizá el clásico entre los clásicos de la pasta rellena italiana. Son cuadraditos, los más fáciles de hacer por su forma, y el relleno elegido es otro clásico, aunque admite todo tipo de ingredientes, ya sean de carne o de verduras, para personas de filosofía vegetariana.

Ravioli rellenos
de ricotta y espinacas, con salsa napolitana

INGREDIENTES
Para la pasta fresca
- 500 g de harina
- Una pizca de sal
- Un huevo

Para el relleno y la salsa
- 200 g de espinacas • 200 g de queso ricotta • Una cucharadita de nuez moscada • 500 g de tomates maduros • Aceite de oliva • Una cebolla • 2 dientes de ajo • Un pimiento verde • Sal • Una guindilla

ELABORACIÓN
Preparamos el relleno poniendo a cocer las espinacas en agua hirviendo durante ocho minutos. Las escurrimos y las dejamos enfriar. En un bol, ponemos el queso ricotta con la nuez moscada y las espinacas (podemos trocearlas bien antes) y mezclamos con un tenedor hasta tener una pasta.

Para la salsa machacamos los tomates bien en un plato con un tenedor. En una sartén, sofreímos la cebolla y el ajo, previamente pelados y picados. Cuando transparente, agregamos el pimiento limpio y picado. Sofreímos unos minutos y agregamos los tomates cortados en cubitos. Dejamos cocinar hasta que se haga el tomate, removiendo y añadiendo al final sal al gusto y la guindilla muy picada. Si pasamos la salsa por la batidora quedará más fina.

Hacemos los ravioli como de costumbre, mezclando los ingredientes para preparar la masa, haciendo dos rectángulos de masa con el rodillo, rellenado uno y colocando el otro encima. Podemos cortar los ravioli con cortapastas dentados. Cocemos tres minutos y servimos con su salsa y hojas de albahaca.

SALSA NAPOLITANA
Es una variación de la salsa de tomate clásica porque añade ajo, pimiento y guindilla, dándole un toque mucho más picante y atrevido. Hay quien añade también zanahoria y especias.

Se puede comer pasta todo el año. Cuando hace frío, se agradecen los platos de pasta caliente con salsas, pero cuando hace calor siempre tenemos la opción de enriquecer las ensaladas con su presencia. Nuestro consejo es usar la pasta con forma más vistosa, atrevida y original para las ensaladas.

Orecchiette en ensalada
mediterránea, con tomates, gambas y albahaca

INGREDIENTES
- 400 g de orecchiette
- Sal
- Aceite de oliva
- 2 dientes de ajo
- 250 g de gambas
- 20 tomatitos cherry
- Hojas de albahaca
- Vinagre
- 150 g de pecorino romano rallado

ELABORACIÓN
Por un lado, cocemos los orecchiette en agua abundante con sal al dente, los escurrimos y los reservamos. Podemos pasarlos por el grifo de agua fría y rociarlos con un poco de aceite de oliva para que no se peguen.

Pelamos y picamos muy pequeño el ajo. Pelamos las gambas y las lavamos. En una sartén con un poco de aceite sofreímos el ajo y antes de que tome color, añadimos las gambas y las cocinamos por ambos lados unos minutos, al ajillo. Mientras se cocinan las gambas, lavamos los tomatitos. Podemos dejarlos enteros si son pequeños, o cortarlos por mitades. Lavamos y secamos también las hojas de albahaca.

En una ensaladera colocamos los orecchiette con los tomates y la albahaca. Aliñamos con sal, aceite y vinagre al gusto y echamos encima las gambas aún templadas. Decoramos con queso rallado justo antes de servir.

QUESO PECORINO
Este queso curado es muy popular para rallar, al igual que el parmesano. El pecorino añade matices a los platos porque es un poco picante y por eso combina perfectamente con el ajo.

Los noodles son fideos orientales propios de China, Tailandia o Japón, que allí tienen nombres específicos como mian, udon o soba. Este tipo de fideos, no obstante, ha traspasado fronteras y se ha introducido con gran éxito tanto en Europa como en América.

Noodles
con ternera, verduras y salsa de soja

INGREDIENTES
- Un diente de ajo
- Una cebolla
- Una zanahoria
- Un pimiento verde
- 4 filetes de ternera
- Sal
- Aceite de oliva
- Pimienta negra
- Salsa de soja
- 300 g de noodles

ELABORACIÓN
Pelamos el ajo, la cebolla y la zanahoria. Lavamos el pimiento. Todas las verduras las cortamos en juliana fina. Los filetes de ternera también los cortamos en tiras.

Ponemos dos cucharadas de aceite en una sartén y cuando esté caliente, echamos el ajo, rehogamos un poco, agregamos la cebolla. Cuando se haga un poco, añadimos el resto de las verduras y dejamos que cuezan removiendo de ven en cuando hasta que la zanahoria quede al dente. Salpimentamos la carne y la sumamos a las verduras, dejando que se cocine bien. Añadimos unas 10 cucharadas de salsa de soja y salteamos todo junto, dejando que reduzca un poco.

Los noodles debemos cocerlos como indique el fabricante y los escurrimos. Los añadimos a la sartén de carne y verdura dando un último salteado con todos los ingredientes juntos.

NOODLES
Con unos 4.000 años de antigüedad, estos fideos pueden ser amarillos (de trigo); oscuros (de alforfón); blancos (de arroz), etc. Existen tantas variedades como lugares geográficos.

Los fideos de arroz que se comercializan ya habitualmente en cualquier supermercado son una alternativa muy interesante para las personas intolerantes al gluten, ya que no lo contienen. Son típicos de la cocina oriental y admiten salsas y acompañamientos muy diversos.

Fideos de arroz
con setas, germinados y crema de queso

INGREDIENTES
Para los fideos
- 2 dientes de ajo
- 200 g de setas
- Aceite de oliva
- Sal
- 400 g de fideos de arroz
- Un puñadito de germinados de alfalfa

Para la crema de queso
- 40 g de mantequilla • 250 ml de nata • 100 g de parmesano • 100 g de emmental • Sal y pimienta

ELABORACIÓN
Pelamos y picamos finamente el ajo. Limpiamos bien las setas y las troceamos. En una sartén ponemos dos o tres cucharadas de aceite y doramos el ajo, añadimos las setas y cocinamos a fuego suave hasta que estén tiernas. Rectificamos de sal.

Mientras se hacen las setas, cocemos los fideos de arroz siguiendo las instrucciones del fabricante y los colamos.

La salsa de queso se hace derritiendo la mantequilla en un cazo, añadimos la nata y los dos quesos y, al mínimo, dejamos que se derritan del todo y se mezclen hasta obtener una salsa cremosa. Salpimentamos al gusto.

Mezclamos en una cazuela los fideos de arroz con la salsa de queso y las setas. Para decorar, antes de servir añadimos unos pocos germinados de alfalfa.

SETAS
Aunque podemos hacer este plato con cualquier tipo de seta de nuestro gusto, con estos fideos las que mejor quedan son las setas siitake, que suelen venderse secas y hay que rehidratar antes de cocinar.

Un plato marinero procedente de Valencia, en España, que tiene una base de fideos y un profundo sabor a pescado y marisco. Se considera un plato primo hermano de la paella porque incluso se cocina en un recipiente similar a la famosa paellera.

Fideuá mediterránea
con caldo de pescado y marisco de roca

INGREDIENTES
- 100 g de gambas
- 100 g de mejillones
- Una cebolla pequeña
- 2 dientes de ajo
- 3 cucharadas de aceite de oliva
- Unas hebras de azafrán
- 400 g de pasta fideuá
- 600 ml de caldo de pescado
- Sal

ELABORACIÓN
Pelamos y lavamos las gambas. Los mejillones los colocamos en un cazo con un dedo de agua a hervir y con el vapor, esperamos a que se abran. Sacamos la carne y desechamos las cáscaras. Reservamos ambos mariscos.

Pelamos y picamos la cebolla y el ajo. En una sartén con varias cucharadas de aceite sofreímos ambas verduras suavemente. Agregamos el marisco cuando estén doradas las hortalizas y removemos. En medio vasito de agua diluimos las hebras de azafrán y reservamos.

Añadimos al marisco la pasta fideuá y removemos. Se puede usar tanto fideo grueso como el fideo hueco con un agujero en medio. Vertemos el caldo de pescado y el azafrán. Salamos al gusto y dejamos que la fideuá cueza primero a fuego vivo cinco minutos y depués, a fuego medio, hasta que se consuma todo el caldo.

CALDO DE PESCADO
Hacer un caldo de pescado para fideuá es sencillo: basta con cocer algunas espinas (de merluza, congrio, rape, etc.) con las cáscaras desechadas de las gambas, media cebolla, sal y una hoja de laurel.

Los fideos son el tipo de pasta más común para hacer sopa. En general, usamos siempre pasta pequeña, para que se ablande en seguida: fideos, lluvia, estrellitas, letras… aunque nada nos impide usar otro tipo más contundente. Los fideos largos son una opción muy acertada.

Sopa oriental de fideos
con setas y crema agria

INGREDIENTES

Para la sopa
- 30 g de setas chinas secas
- 3 dientes de ajo
- 2 cucharadas de aceite
- 1 l de caldo de verduras
- Una cucharada de salsa de soja
- 125 g de fideos largos

Para la crema agria
- 200 ml de nata líquida • El zumo de ½ limón • 2 cucharaditas de vinagre • Una pizca de sal

ELABORACIÓN

Media hora antes de hacer la sopa hay que rehidratar las setas chinas en un cuenco de agua caliente. Las escurrimos y las cortamos en trozos. Podemos hacer la sopa con cualquier tipo de seta, pero hemos elegido estas para hacer una sopa de estilo oriental.

Pelamos y picamos los ajos y en un cazo, los sofreímos con un poco de aceite. Agregamos las setas y salteamos. Añadimos el caldo de verduras y llevamos a ebullición; entonces agregamos la salsa de soja, removemos y echamos los fideos. Dejamos cocer el tiempo que indique el fabricante de los fideos.

Para hacer la crema agria, ponemos en un bol la nata con el zumo de limón y dejamos que repose cinco minutos. Batimos con varillas. Añadimos el vinagre y la sal y batimos de nuevo con varillas hasta que espese. Servimos la sopa en cuencos y agregamos una cucharada de crema agria en cada uno.

BAMBÚ
Esta sopa admitiría muy bien unas tiras de bambú en conserva junto a las setas chinas. Del mismo modo, elegir unos fideos soba japoneses le daría una textura y presencia aún más exótica.

Los nidos de pasta se pueden hacer manualmente, aunque es mucho más cómodo comprarlos ya con esa forma. Los más habituales son los de vermicelli, hechos con fideos finos o los de fettuccine, más planos y gruesos. Hemos elegido los primeros.

Nidos rellenos
de jamón y queso, con salsa de setas

INGREDIENTES
Para los nidos
- 8 nidos de pasta
- Sal
- 150 g de jamón york en loncha gruesa
- 150 g de queso mozzarella
- Queso rallado

Para la salsa de setas
- Una cebolla • 2 cucharadas de aceite • 300 g de setas • 200 ml de nata líquida • Una pizca de nuez moscada • Una pizca de pimienta

ELABORACIÓN
Primero hacemos la salsa. Pelamos y picamos en trocitos la cebolla y la pochamos en una sartén con un poco de aceite. Añadimos las setas (limpias y troceadas) y dejamos que se cocinen hasta que estén blandas. Agregamos la nata, la nuez moscada y la pimienta y dejamos que cueza cinco minutos más. Pasamos por la batidora para obtener una salsa fina y oscura que reservamos.

Cocemos los nidos de pasta en una cazuela de agua abundante con sal siguiendo las instrucciones del fabricante. Al sacarlos tendremos cuidado para no desarmarlos ni romperlos. Los colocamos en una bandeja de horno. Cortamos el jamón y la mozzarella en cubitos y rellenamos los nidos. Los ponemos al horno unos minutos para que se derrita el queso. Servimos coronando cada nido con un chorro de salsa de setas y queso rallado. Podemos decorar con hojitas de perejil y granos de pimienta roja.

MIXTO
El relleno de jamón y queso, ya sea en sándwiches, pizzas o, como aquí, en estos nidos de pasta, es muy popular entre los niños. Podemos simplificar este plato sin añadir la salsa y tendremos una cena infantil.

Esta pasta de fantasía con forma de tubo acodada viene del norte de Italia. En realidad, la receta es válida para macarrones, penne o cualquier otro tipo de pasta tubular, ya que se pretende que la salsa penetre por el canal interno. El gratinado es otro clásico de la pasta italiana, excelente para días de frío.

Chifferi rigati
gratinados con besamel y cuatro quesos

INGREDIENTES
Para la pasta
- 400 g de chifferi rigati
- Sal
- 50 g de queso parmesano
- 50 g de queso emmental
- 50 g de queso azul
- Queso rallado

Para la besamel
- 60 g de mantequilla • 50 g de harina • 500 ml de leche • Sal y pimienta negra

ELABORACIÓN
Cocemos en agua con sal los chifferi. Esta pasta suele quedar al dente con tan solo cinco minutos de cocción, así que habrá que vigilar y probar para que no se pase. Los escurrimos.

En una sartén derretimos la mantequilla y añadimos la harina, removiendo bien para formar una pasta lisa, sin grumos. Vamos añadiendo la leche en forma de hilo sin dejar de remover hasta que espese y se forme una besamel fina. Salpimentamos.

En un cazo, derretimos los quesos. Mezclamos la besamel con los quesos. En una fuente para horno, colocamos la pasta y la salsa, removiendo bien. Ponemos queso rallado encima y horneamos al grill durante cinco o 10 minutos, hasta que se dore la superficie.

CUATRO QUESOS
Las salsas de queso no se limitan a los tipos que hemos usado; queso mozzarella, quesos de cabra o cualquier otro son igual de adecuados.

El yakisoba no es otra cosa que una receta japonesa de fideos fritos. A pesar de ser un plato de ejecución sencilla y rápida, es un verdadero manjar y por eso precisamente es uno de los platos de «comida rápida» más famosos de Japón, donde pueden degustarse en cualquier puesto callejero.

Yakisoba japonés
con carne y vegetales salteados

INGREDIENTES
- 500 g de fideos soba
- Una cebolla
- 2 dientes de ajo
- Una zanahoria
- Un pimiento rojo
- 150 g de brócoli
- 2 cucharadas de aceite
- 2 filetes de ternera
- Sal
- 3 cucharadas de salsa de soja
- Hojas de perejil

ELABORACIÓN
En una cazuela ponemos agua a hervir y cuando entre en ebullición, cocemos los fideos soba. Generalmente, es suficiente con hervir menos de cinco minutos y después hay que colarlos y pasarlos por agua fría del grifo. Reservamos.

Pelamos la cebolla, el ajo y la zanahoria. Lavamos el pimiento y lo limpiamos de simientes. Cortamos todas las hortalizas en juliana fina. El brócoli lo lavamos y lo cortamos en trozos.

En un wok, ponemos el aceite y las verduras y las vamos salteando. Agregamos la ternera, cortada también en lonchas finas, y salteamos hasta que esté hecha. Por fin, añadimos los fideos soba y volvemos a saltear. Rectificamos de sal y echamos la salsa de soja en el último minuto, removemos todo junto y servimos caliente. Podemos decorar con unas hojitas de perejil.

EL WOK
Un wok es una sartén china de acero o de hierro, que tradicionalmente se usa para saltear verduras, carnes, etc. con pasta. Se utiliza precalentándolo primero y manteniendo el fuego bastante fuerte.

Los pici son muy parecidos a los espagueti, aunque algo más gruesos, y son típicos de la Toscana. En este caso, se ha potenciado su sabor y su presencia añadiendo tinta de calamar a la receta para obtener estos pici negros tan atractivos.

Pici negros
con tomatitos, orégano y aceite

INGREDIENTES

Para la pasta fresca
- Un sobrecito de tinta de calamar
- 3 cucharadas de agua
- 3 huevos
- 250 g de harina

Para la guarnición
- 8-10 tomatitos cherry
- Aceite de oliva
- Orégano
- Sal

ELABORACIÓN

Mezclamos la tinta de calamar con el agua en un vasito ayudándonos de una cucharilla. Es más fácil si el agua está templada. En un plato, batimos los huevos, añadimos la tinta con agua y volvemos a batir. Colocamos la harina en la mesa limpia en forma de volcan y vamos mezclando y amasando.

La masa está bien hecha cuando no se pega en las manos y está lo suficientemente elástica para trabajarla. Puede añadirse algo más de agua o de harina si lo pide la masa hasta tomar la textura deseada. Envolvemos la masa en film y dejamos reposar 30 minutos.

Para hacer pici, deberíamos tener una máquina específica de cortar espagueti gruesos, pero si no la tenemos, podemos extender como siempre, cortar tiras finas y después moldearlas como pequeños churritos a mano. Cocemos la pasta en agua abundante con sal durante dos o tres minutos y escurrimos.

EL ACOMPAÑAMIENTO

Lavamos los tomatitos. En una sartén con un poco de aceite, los vamos salteando hasta que estén tiernos, añadimos orégano y sal y servimos junto con la pasta.

Términos usuales

Al dente. Estado de cocción de la pasta en el que queda cocinada, pero presenta resistencia al ser mordida. Según la cocina italiana, es el modo ideal de cocer la pasta.

Aliñar. Aderezar, condimentar o sazonar un plato con una salsa sencilla, como por ejemplo con aceite, vinagre y sal.

Cortapastas. Utensilios de cocina, especialmente utilizados en repostería, que son moldes metálicos y pequeños con distintas formas y que se pueden usar para dar forma a los ravioli y otras pastas rellenas.

Emplatar. Disponer la comida ya preparada en un plato para presentarla finalmente en la mesa.

Escaldar. Introducir muy poco tiempo un alimento en un líquido muy caliente para que sea más fácil de pelar.

Gluten. Proteína presente en la harina de trigo y todos sus derivados, que le aporta elasticidad. Las personas celiacas son intolerantes y no pueden consumirlo.

Gratinar. Técnica culinaria en la que se dora o tuesta la capa superficial de un alimento en el horno usando el grill. Normalmente, se usa queso o pan rallado para hacerlo.

Grill. Fuente de calor superior de un horno que se usa para dorar o gratinar.

Guarnición. Acompañamiento para un plato principal, como por ejemplo, añadir una ración de arroz, pasta o ensalada a una carne o pescado.

Juliana. Corte fino y alargado de las verduras para determinadas preparaciones.

Prosciutto. Término italiano para referirse al jamón curado y cortado muy fino que se añade a platos de pasta y pizzas.

Ragú. Guiso o estofado que incluye trozos de carne y al que se suele añadir alguna verdura. El ejemplo más famoso del ragú en la cocina italiana es la salsa boloñesa.

Rebozar. Recubrir un alimento con harina, huevo y/o pan rallado para freírlo posteriormente.

Risotto. Plato típico de Italia consistente en un arroz caldoso con distintas salsas.

Saltear. Cocinar a fuego muy vivo los alimentos, con muy poco aceite, en una sartén que se mantiene en continuo movimiento, de manera que quede dorado por fuera y tierno por dentro.

Sofreír. Cocinar a fuego lento, sobre todo hortalizas, hasta que estén transparentes o ligeramente doradas.

Sofrito. Base culinaria mediterránea en la que se fríen hortalizas en aceite como primer paso para preparar un plato.

Tamizar. En cocina, pasar la harina, sal, azúcar, etc. por un colador muy fino para que luego no se formen grumos en las masas.

Wok. Utensilio de cocina procedente de China que se parece a una sartén grande, con las paredes altas de hierro y que sirve para saltear alimentos.

Índice de americanismos

Aceite: óleo.
Aceituna: oliva.
Ajo: chalote.
Albahaca: alábega, basilico, hierba vaquero, alfavaca.
Albóndiga: croqueta.
Alforfón: alforjón, trigo sarraceno, fajol, trigo-haya. Arroz: casulla, macho, palay.
Azafrán: bijo, brin.
Bacón: tocino, panceta, unto, largo, tocineta.
Calabacín: calabacita, zambo, zapallito, hoco, zapallo italiano.
Carne picada: carne molida.
Cebollino: ciboulette, cebollino francés.
Cerdo: puerco, cochino, marrano, chancho.
Cilantro: culantro, coriandro.
Gamba: camarón, langostino.
Garbanzo: mulato, chicharro.
Guindilla: uchú, chile.
Guisante: alverja, arveja, chicharro, petit pois, poroto.
Huevo: blanquillo.
Jamón: pernil.
Limón: acitrón, bizuaga.

Maíz: cuatequil, capia, canguil, abatí.
Mantequilla: manteca.
Nata líquida: crema de leche sin batir.
Nuez: coca, nuez de nogada.
Nuez moscada: nuez coscada, macís.
Orégano: mejorana.
Pan de molde: pan inglés, pan sándwich, cuadrado, pan de caja.
Patata: papa.
Pimentón: chile en polvo.
Pimienta: pebre.
Pimiento: chile, ají, conguito, chiltipiquín, chiltona.
Remolacha: betabel, beterrave, beterraca, betarraga.
Rodaja: rueda, rebanada.
Sándwich: emparedado.
Ternera: jata, mamón, becerra, chota, novilla, vitela.
Tomate: jitomate.
Zanahoria: azanoria.
Zumo: jugo.

Índice de recetas